子どもが自分でぐんぐん伸びる

まいにちのおうちモンテッソーリ

北川真理子

KADOKAWA

はじめに

こんにちは！　モンテッソーリアン（モンテッソーリ教師）の北川真理子です。モンテッソーリ教育は「子どもが自分で育つ力を信じる」教育です。おうちでモンテッソーリを取り入れている人も多いと思いますが、手作りおもちゃを作ったり、教具を買ったりして満足していませんか？

それももちろん大事なのですが、おうちでは遊ぶ時間よりも「生活をする時間」が大半を占めます。だからこそ、この本で取り上げるおうちモンテッソーリでは、生活をモンテッソーリ的にすることを大切にしています。

そもそも、モンテッソーリ教育の大きな特徴として、日常生活を大切にしていることが挙げられます。モンテッソーリの幼稚園や保育園に見学に行くと、子どもが洗濯板を使って自分の靴下を洗っていたり、バナナの皮をむいて自分で切っておやつにしたり、小さな花瓶にお花を生けてお友達の机にかざったりしています。まるで、子どもたちが自分で生活をしているように見えるので「子どもの家」なんてかわいらしい名前がついているほどです。

このように生活を大切にしてあげることこそが、本来はおうちモンテッソーリの近道なのです。「生活なんて、子どもには楽しくないのでは？」と大人は思うかもしれません。いえいえ、子どもは本来、大好きなお母さんとお父さんがやっていることを真似したくて仕方ないんです。むしろ子どもにとっては、生活もまた「遊び」の一種。子どもが自分でできる環境を整えてあげれば、「やりたい！」と、着替えや配膳、歯磨きだっ進んでやり始めます。そして「ぼく／私はすごいんだ！」と自信を持ちます。子どもが自分からやってくれるので、大人はガミガミ言う必要もなくなります。これほど家族にとっていい連鎖があるでしょうか。

本書では、モンテッソーリ教師として10年以上現場で働いていた私が、3児の母になってどんなふうに家の環境を整え、どんな生活をしているのか、具体的にご紹介します。

ちょっとしたことの積み重ねで、生活がガラッと変わり、子どもが自ら動き始めます。子どもが成長し大人は楽になる……あなたにとって楽しい子育てのスタートになりますように。

北川真理子（モンテッソーリアンまりこ）

写真で見る 北川家の実例

montessori

自立した子を育てる おうち モンテッソーリ

おうちでモンテッソーリ的な教育をしたい方から「なにからやればいいの？」「どんなお部屋にすればいいの？」と聞かれます。

でも特別なリフォームは必要ありません。大切にしているのは、子どもが

自立するために、活動しやすい環境を整えること。お仕事（P43）の道具は取り出しやすい決まった場所に置く、成長に合わせた机と椅子を用意するなど、ほんのちょっとしたコツで、「次は○○しよう」と自分で考えて動けるようになっていくのです。

3 / 4	2	1

1. 5歳児の机（右）と2歳児の机（中央）。それぞれ壁を向いていることで、お互いの活動に集中できる **2.** 0歳の三男の活動は床が中心。手が届く場所におもちゃを置く **3.** リビングにおまると椅子、着替えを並べている。そうすることで、トイレの後、座ってズボンを穿く→汚したら自分で服を選んで着替えることが自然にできるようになる **4.** 部屋を散らかさないことで遊びに集中できる環境にする

montessori

子どもが夢中で遊べる空間

おうちモンテでは、生活と同様に遊びがとても重要。手の届く場所に、成長に合ったお仕事の道具を置くことで、興味を持ったときにすぐ遊ぶことができ、遊んだら片付けて、「次やりたい」と思ったことに集中できます。

1 | 3 | 4
2

1・2. 5歳児の机の上には引き出しを設置。文房具やお絵描き途中の紙やお手紙などを分類して入れてある。足もとには年代に合った本も　**3・4.** 2歳児の机と椅子は体に合わせた小さいサイズ。机のすぐ横には、教具をトレーに入れて分類した棚がある。スペースに余裕を持って教具を置くことで、遊びやすく片付けやすいようにする工夫も

Fellowes
703
KAPLA
乗りもの

oneworld

montessori

子どもの関心に合った遊び

モンテッソーリでは遊びを教具だけに限ることはありません。市販のおもちゃでも、成長に合っているものは取り入れてOK。ただ、キャラクター物

3	1
4	2

1. モンテッソーリの教具のひとつの「窓そうじ」。子どもサイズでもスクイージーがあったりと本格派　2. 次男の本棚には生活に身近なテーマの絵本を並べている　3. 音楽を楽しめるよう歌詞カードを子どもが手に取れる場所に設置　4. 数字のカードは、日々暮らしの中で物を数えるときに一緒に使う

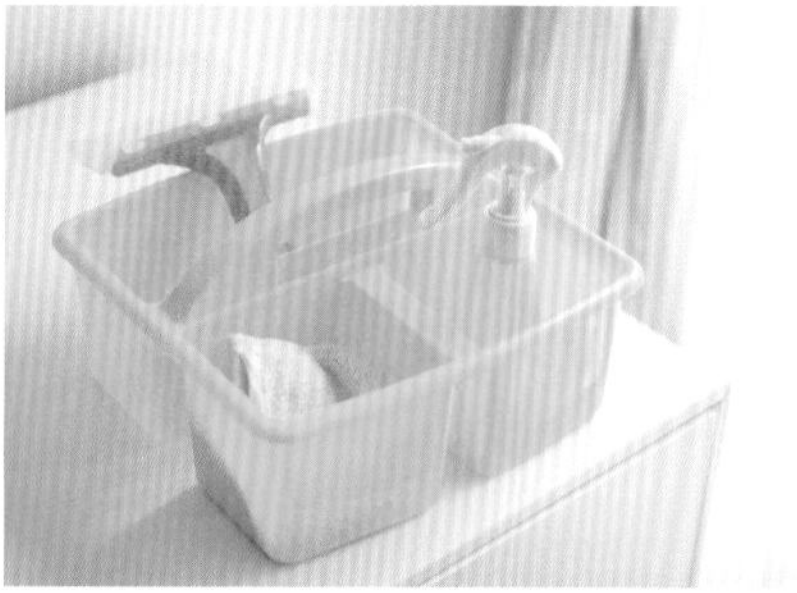

は子どもの興味を惹きやすく、他の遊びに手を伸ばしにくくなるので日常的に取り入れることはしていません。

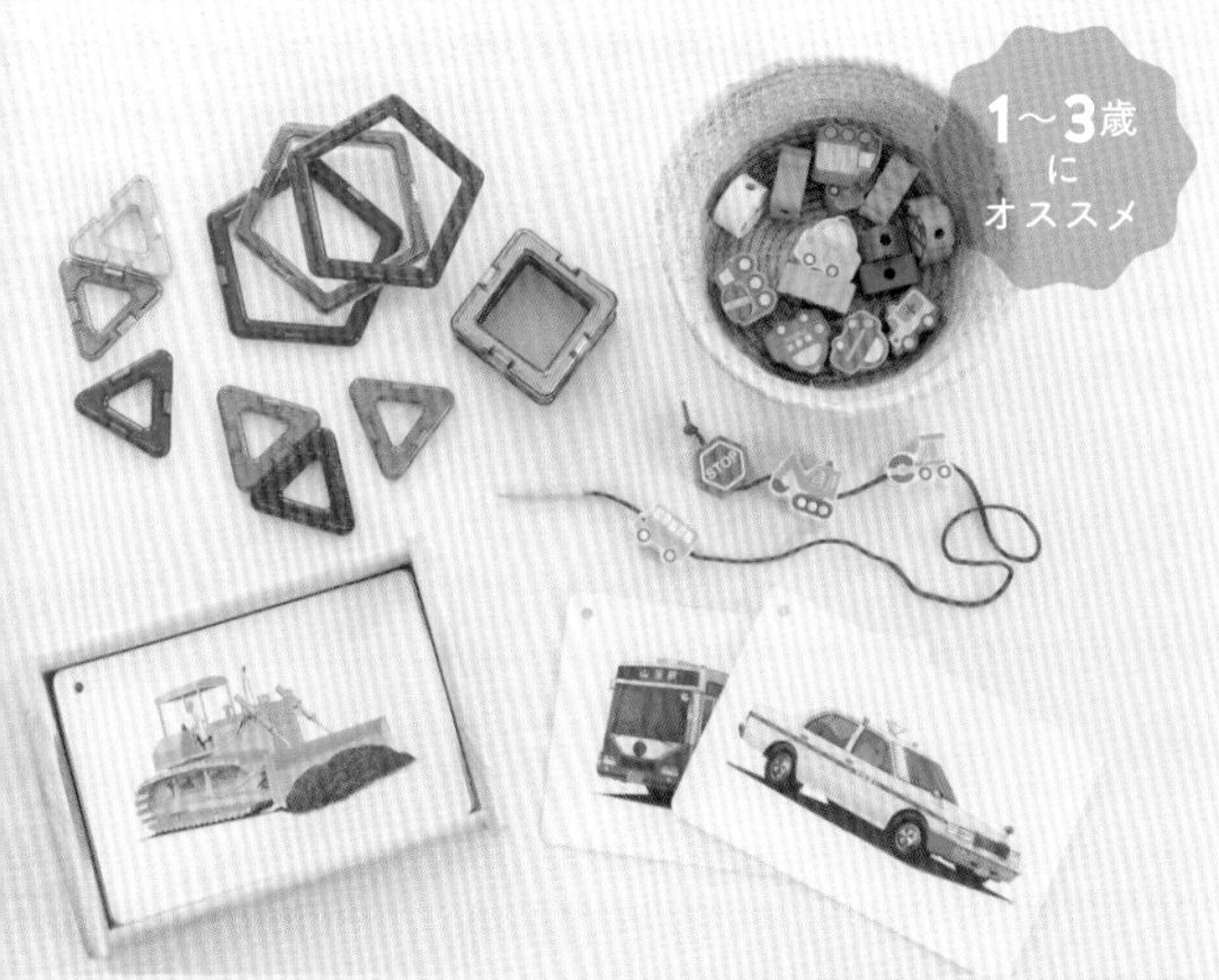

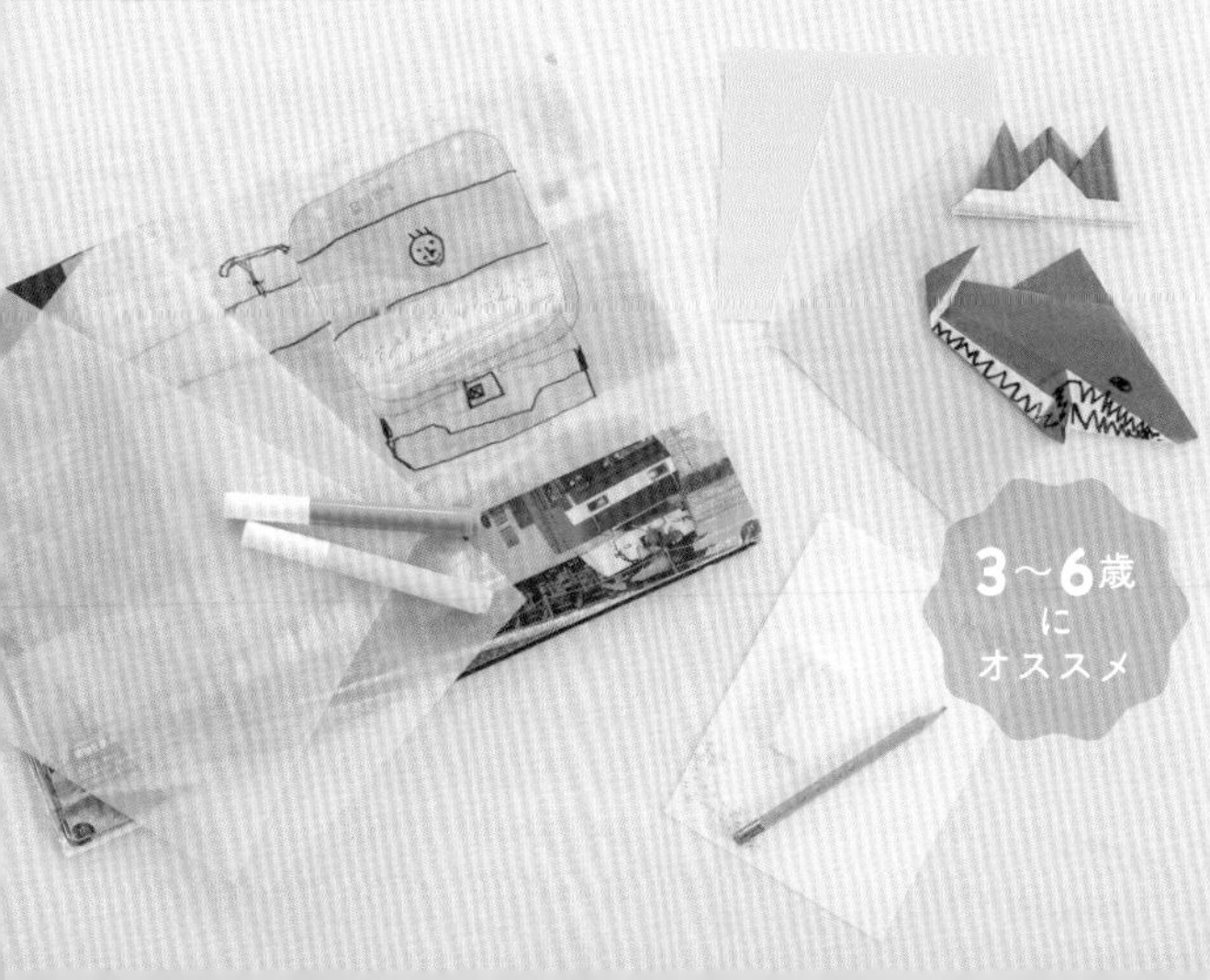

1

2

3

1. 握る、吹いて音が出る、通すなど、身体の動きを刺激してあげる遊びがぴったり　**2.** 指先が器用になり始めるので、紐通しなどの細かい作業や、想像力を表現できる簡単なブロック、また、文字への興味をサポートする言葉カードがおすすめ　**3.** 知的・緻密な作業が楽しめる年齢になると折り紙やトレーシングペーパーで絵本をなぞる遊びを楽しむように

montessori

生活の中のモンテッソーリ

子どもの育つ力を信じてサポートするのがモンテッソーリ教育。生活（暮らし方）、部屋の整え方を工夫することで、子どもがみずから成長していきます。幼児の子育てでつまずきがちな歯磨きや食事のお悩みも、環境を整えれば解決することが多いのです。

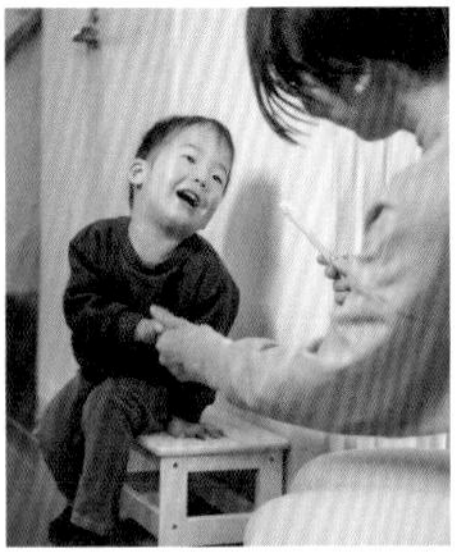

1 | 2

1. 苦手な子どもが多い歯磨き。洗面所近くにベンチを置いてあげると、自然と座るように **2.** 歯ブラシの色を自分で選べば歯磨きに興味がわいてくる

3

4

3. キッチンに子ども用の水場を設置。エプロンや果物など生活で使う物を置くことで、お仕事が生活の一部と学ぶ **4.** 収納棚は手前に子どもの食器を置いて手伝いやすい工夫を

5

6

5. 子どもサイズの専用ソファーがあるだけで、自然と本を読むようになる
6. おまるの隣の椅子はパンツを汚したら自分で着脱をすることをうながす

上着
1

ジッパーで開け閉めできるものだと、気温の調整にあわせて、脱ぎ着を自分でスムーズにできます。

上着
2

寒い時期のジャケットは生地が厚いとボタンの開け閉めが難しいので、成長に合わせて配慮を。

普段着

3〜5歳なら、基本は無地で自分で着替えられるすっぽりかぶるTシャツと、お腹がゴムのズボン。女の子であればスパッツ＆スカートでも。

montessori

自分で服を着ることの大切さ

衣服の着脱は指先を育て、またお天気を考慮して服を選ぶことは観察力や思考力を育みます。だからこそ、見た目のかわいさより成長に合った、着やすい洋服を用意して選ばせてあげることが大切です。

v
013

パジャマ 1

ボタンがまだ上手にできないときは、頭からかぶるタイプを。ロンパースは自分で股のボタンが閉められないので避けた方がよいです。

パジャマ 2

指が発達してきたらパジャマもあえてボタンタイプを着用。お腹が冷えそうなときはこの上に腹巻きをつけています。

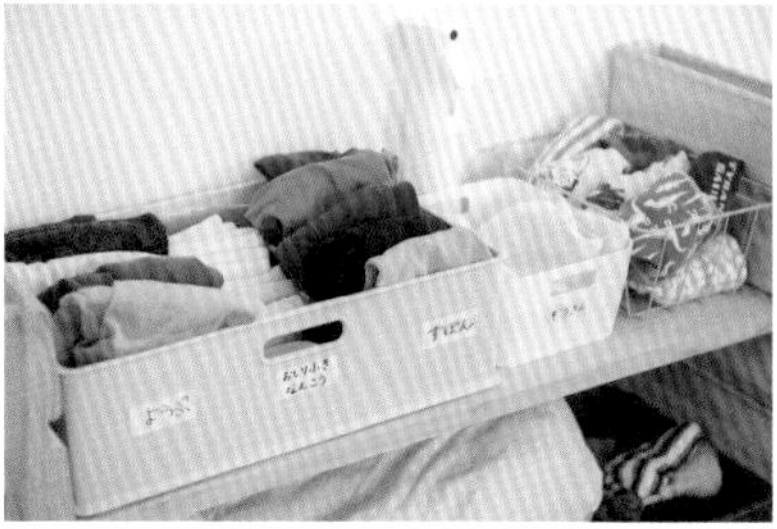

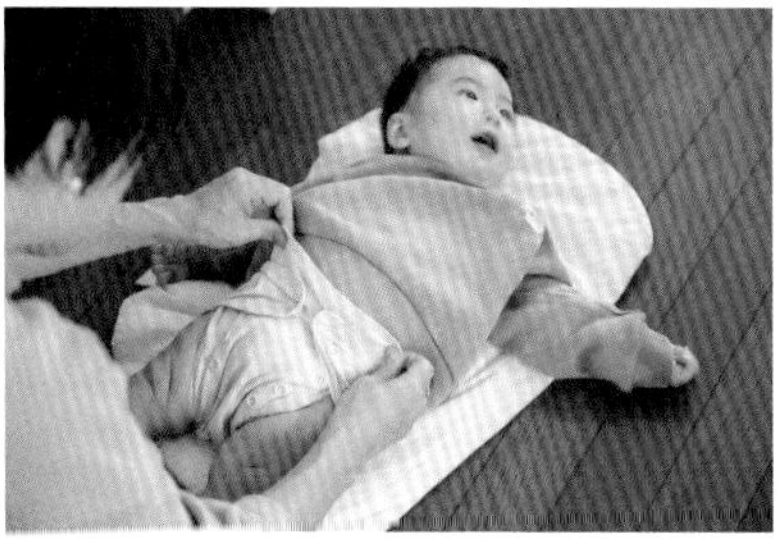

1 / 2	3

1. 0歳・2歳の洋服は箱に入れて、名前別にオープン収納 **2.** 0歳の三男は**1**の洋服を収納している棚のすぐ隣でおむつを変えるのが習慣。小さいうちからお着替えの場所を認識させる **3.** 5歳の長男の服は種類別に箱に入れ引き出しに

montessori

「ルーティン」があれば子どもは自分で動く

子どもが生活の中で自分で「次は何をするべきか」考えて動けるようにするには、順序だてた部屋づくりが大切です。あちこち動き回らずに済むように動線を工夫をしてあげましょう。

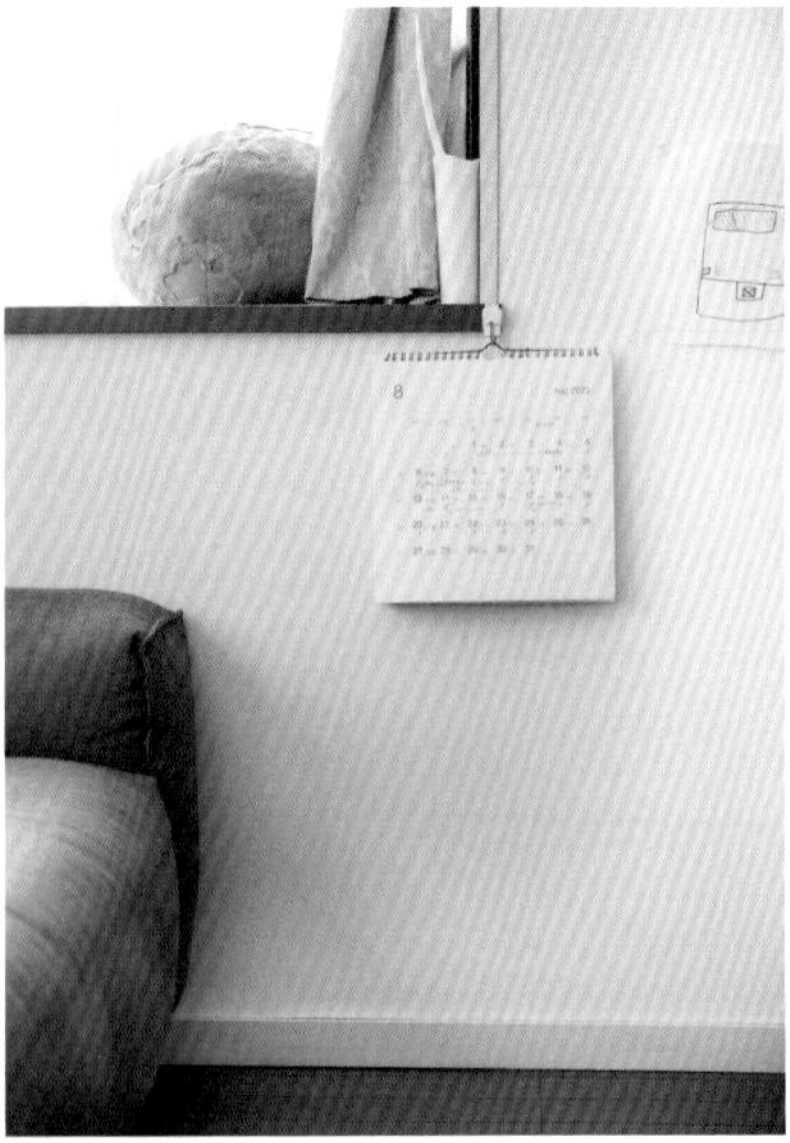

1 | 2

1. 家族のカレンダーは子どもの目に入りやすい高さにすることで、子ども自身が予定（先を読む）を意識していく
2. 文字が書けるなら子ども自身に予定を書かせてもOK

いつもダイニングテーブルはきれいにすることが大切。子どもが遊んだ後も必ず片付ける

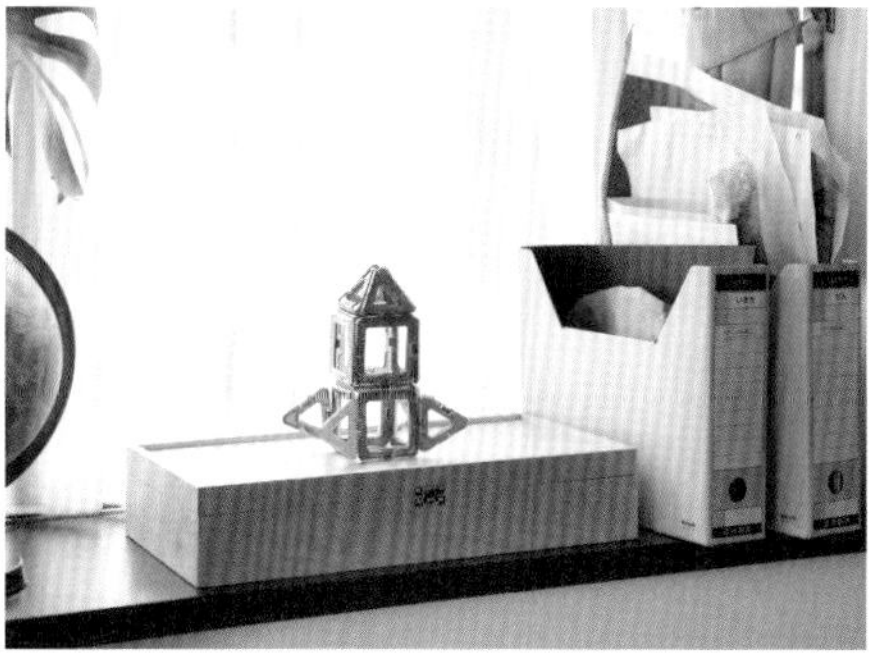

2

1

1. 5歳の長男が登園の準備がしやすいからと自ら提案して玄関に移動した棚。必要なカバン、帽子、上着などがセットになっている　**2.** 作品の置き場。毎週金曜日には片付けて、次のづく品作りをうながす

1

2

1. 鏡を子どもが見ることができる高さにすると、身だしなみを自分で整えるようになる　**2.** お出かけのときの特別なセット。公共の場で静かにできるようにいつもとは違うおもちゃをきょうだい一人ずつに用意

Contents

もくじ

Chapter 1

子どもには遊びが一番大切

Chapter 2

おうちでできるモンテッソーリ

Chapter 3

ルーティンがあれば子どもは安心して動く

Chapter 4

大人が子どもにしてあげていることを手放してみよう

Chapter 5

自立とは自分の思いを伝えられること

Stuff
ブックデザイン……細山田デザイン事務所
（細山田光宣＋奥山志乃）
イラスト……fancomi、Okuta
写真……葛西亜理沙
DTP……山本秀一・山本深雪（G-clef）
編集協力……知野美紀子
校正……麦秋アートセンター

Chapter

1

子ども には 遊びが一番大切

モンテッソーリ教育では、
子どもが熱中している遊びを
「お仕事」と呼んでいます。
子どもの人格を作る大切な活動だからこそ
単なる遊びではなく「立派なこと」なのです。
夢中になれることを大切にしてあげる、
それが最も重要です。

「遊び」は子どもの人格の根っこを作る大事な「お仕事」

み

なさんは、子ども（乳幼児）の「遊び」をどうとらえていますか？　ずっとかまうのは大変だから自分で遊んでいてもらう？　幼い子どもを目の前にどうしていいかわからず、なんとなく時間を潰すためにを「遊ばせようかな」と考えている？　そんな方もいるかもしれませんね。でも、子どもにとって「遊び」は必要なことであり、大きな成長をうながす上で重要なことなのです。

たとえば、ズリバイをし始めた0歳児はころころ転がるボールを追いかけて遊ぶ様子が見受けられるかと思います。この様子から「動きのある物が気になるから追いかけているのかな？」と思われるかもしれません。それも確かにそうです。でも実は子どもたちはボールを追いかけることで筋肉を発達させ、次の段階であるハイハイができるように身体を作っているのです。同様に、3歳児はお絵描きをしながら指の細かな操作を鍛え、文字を書くための器用な手をみずから育んでいるのです。

もうおわかりですね。**子どもは「遊び」を通して自分で自分の身体を発達させている**のです。また、同時に遊びながら「できた」を感じたり「こうやってみようかな」と試行錯誤したりしながら、自信、忍耐力、創造力、挑戦する心など目には見えない心の力、つまり非認知能力を育て、**その子自身の人格の根っこをも作っています**。だからこそ、子どもにとっての「遊び」はとても大切なことで、重要視してほしいことなのです。

モンテッソーリ教育では、子どもが熱中している「遊び」を「お仕事」と呼びます。子どもの人格を作る大切な遊びだからこそ「単なる遊びではなく、立派なこと」とする想いがあるのです。

親からすると、遊び、お手伝い、活動、練習、いたずらなど、それぞれの行動に名前をつけて分けて考えてしまいますが、それはすべて大人から見たときの表現です。子どもにとっては、どれも「今、ぼく／私がやりたいこと」であり、心や身体を発達させるために必要なことなのです。「遊び」を大切にしてあげられれば、子どもは自分で自分を成長させていきます。今、あなたがこの本を手に取って、ご自身の学びを深めようとしていらっしゃるのと同じように、子どもも自分に備わった力で自分を成長させることができるのです。

ただ、ここで問題が1つあります。それは、なにもない環境では子どもは自分を育てることができないということです。ボールやおもちゃなど、その月齢や年齢で子どもの気になる物がなかったり、動ける場所が確保されていなかったりすると筋肉を発達させられず、お絵描きのための紙がなければ指先を育てることもできないのです。

「子どもは勝手に育つ」という言葉を一度は耳にしたこともあるのではないでしょうか？　この言葉、実は正しいようで正しくありません。親が子どものやりたいこと、できそうなことに敏感に反応して用意してあげていれば、どんどん勝手に育っていきますが、子どもが育つ環境になにもなかったり、あっても自由に触ったりできなければそれはむずかしいでしょう。

つまり、私たち親の役割は、子どもの「遊び」を大切にしながら、「飽きていないかな」「次はこんな遊びがあったらいいかな」と**子どもをよく観察して「環境」を整えてあげること**なのです。そうすれば、子どもは自分で動きながら身体を発達させ、大人になってからも大切である非認知能力を育み、その子そのものになる「人格の根っこ」を自分自身の力で作っていくことができるのです。

私たち親は、子どもの代わりに運動したり勉強したり、心を発達させてあげたりすることはできませんよね。私たち親にできる子どもへの最大のプレゼントとは、子どもが自分で自分を育てられるように、子どもをよく観察しながら「遊び」と「遊びができる環境」や機会を用意してあげることなのです。

子どもは自分の力で自分自身のことを成長させられる

子どもは遊びを通して身体も心も成長し、人格をも作っていくのですが、実は忘れてはいけないキーワードがあります。それは、「子どもが自分で選ぶ」ということです。親がやらせたり、押し付けたりしてはいけないんですね。

親が子どもをよく観察して「これがぴったりだ」という遊びを用意したとしても、「今日はそんな気分じゃない」「この本が読みたいから今じゃない」など、子どもにもいろいろな都合があります。それなのに、私たち親は「おじいちゃんが買ってくれたおもちゃなんだから」とか「高かったのに」とか子どもの都合を無視して無理強いしがちです。ですが、この**「子どもが自分で選ぶ」**というキーワードが、自分で人格を作り、心を成長させるために最も大切なのです。

「自分で選ぶ」ということを繰り返すと決断力がつきます。子どもは自分で自由に遊びを選べると「これ楽しかったからまたやりたいな」とか「これはやり始めると時間がかかるから後にしよう」など、自分の経験からいろいろ考えて決断するようになります。この考えこそが人格になっていきます。しかし、「これをやりなさい」「次はこれよ」と、大人にいつも用意されていて自分に選択権がなかったら「次は何をすればいい？」という心持ちなので「何をしたらいいかわからない」と、人格がうまく形成できなくなってしまうのです。

自分で選んで、行動して、その経験を踏まえてまた次の選択をする。そうやって自分で選ぶことを繰り返していくのは、集中力、忍耐力、観察力、工夫する心、自主性、積極性など、さまざまな心を育んでくれるのはもちろん、その子自身のはっきりとした「これがしたい」「こうしたい」という意志を強くしていきます。その子自身の、その子が求める人生を歩むことができるようになるのです。私たち親は、子どもに選択肢を与えてあげることで、幸せな人生をプレゼントすることができるのです。

外遊びとおうち遊びどっちを優先する？

「うちの子、外遊びが大好きなんです」または「室内遊びばかりするんです」など、いろいろな声を聞きます。子どもによってどこで遊ぶのかはさまざまですよね。それなのに、つい大人は「子どもなんだから元気に外で遊びなさい」とか「少しは落ち着いて家の中で遊びなさい」なんて押し付けてしまうことがあります。では、実際子どもの発達にはどちらが大切なのでしょうか？

正解は、「どちらもとても大切」です。外遊びは主にバランス感覚を使ったダイナミックな全身遊びができることが多いですし、植物や昆虫の観察など自然や季節を感じる遊びは知性と心を育んでくれます。そして室内遊びは、主に指先を使った細かな遊びが多いですが、3〜6歳など年齢が上がるにつれ精密で高度な創造力や知性を使ったものが増えていきます。また家庭では、外に買い物に行ったりちょっとお出かけしたりすることで社会のルールや仕組みを知り、家の中では家事という生活に関わることを知って、身につけていきます。これも子どもにとっては遊びの1つなのです。

0〜6歳の子どもにとっては、家の中も家の外もできないことや知らないことがいっぱいで、「やってみたい」「知りたい」「おもしろい」「すごい」があふれている遊び（学び）の宝庫といえるでしょう。

ですから、「外で遊びたい」とか「家の中でこれをやりたい」と**子どもが強い意思を持っているなら、その選択を尊重する**ことが大切です。「風邪をひいているから」とか「赤ちゃん（下の子）が生まれたばかりだから」など理由があれば仕方ありませんが、「面倒くさいな〜」というちょっとした大人の甘えで子どもの選んだことを邪魔しないようにしたいですね。

子どもの身体と心をぐんぐん成長させる外遊びのコツ

0～6歳までの子どもは、なかなかじっと座っていることができません。常に動き回りながら遊んでいるように見えます。大人からすると「座っていられなくて、困ったな」と感じるかもしれませんね。でも、子どもたちにとってはこれも「学び」なのです。

子どもは生まれた瞬間から脳の神経回路がどんどんつながっていき、6歳で大人の約90％近くまでできあがってしまいます。おっぱいを吸うことしかできなかった赤ちゃんが約1年ほどで歩行を達成するほど、子どもは動きの習得についてはスペシャリストです。「動き」と聞くと、スポーツを想像するかもしれませんが、洋服を着るのも動きですし、話すのも、文字を書くのも、自転車に乗るのだって動きです。スポーツのように特別な技術を持った人が手ほどきをする必要はなく、家庭の中で親の行動を見て、子どもがみずからどんどん習得していくのです。だからこそ、家の中でも、外でも**いろいろな動きをどんどん子どもに紹介してあげる**ことが大切です。

また、子どもは生まれてから1年たらずで大人がなにを話しているかわかるようになり、2年で話し始め、3年後にはその言語のネイティブ・スピーカーになります。あなたは3年で外国語のネイティブ・スピーカーになれますか？なかなか難しいですよね。それだけ、子どもは聴覚などの感覚にも優れているのです。ただし、**感覚は使わなければ発達しません**。さまざまな味、音楽、香り、形や色などを、ぜひ遊びに取り入れましょう。

このように子どもが大好きな遊びには「動き」と「感覚」が必ずあります。そういった目線で遊びを見ると、子どもが今やりたい「動き」や使いたい「感覚」が見えてきます。それを思う存分満たしてあげることが、一番大切にしたい遊びなのです。

0～6歳の子どもは、身体を自分の思い通りに動かしたい、「自分自身の操縦者になりたい」と思っています。ですから、とにかく動きながら動きを学んでいるのです。あなたも車の免許を取ったばかりのときは、上手になりたくて何度も運転をしませんでしたか？　テニスを習ったら、素振りをしたくなりましたよね。それと同じで、ベビーカーに乗っているのにわざわざ降りて歩きたがったり、何度も繰り返し滑り台を滑ったり、歩道の縁石に上がったりしたがるのです。すべての動きには理由があって、あれこれと忙《せわ》しく動き回っているのは、自分の身体をコントロールできるようになりたくて必死だからなのです。

前述したように6歳までに神経回路の90％ができてしまうのです。つまり、運動神経も小さいうちからどんどんできあがっていくと言っても過言ではありません。私がモンテッソーリの園で働いていたころ、すでに3歳の時点で身体が硬い子、また、運動神経があまりよくない子とそうでない子の差が見て取れました。親の気持ちとしては、ちょこちょこ子どもが動くことを落ち着きがないなとつい注意をし、座っていられる子にしつけようとしてしまうかもしれませんが、少し見守ることも大切かもしれません。

1歳前後であればただ歩くだけでも十分全身をコントロールしています。その後、歩行が安定してきたら、ジャンプしたり、登ってみたり、凸凹《でこぼこ》のある道を歩いたりすることから始め、さらに足漕ぎできるバランスバイクに乗ってみたり、ぶら下がったり、くぐったり、力いっぱいひっぱったり。ボールを蹴る、投げる、追いかけるなどの動きを加えてみるのもいいでしょう。全身を動かし、バランスをとりながら身体をコントロールするのもよし。スイミングに挑戦するのもいいかもしれませんね。

あまりおすすめできないのが、ある1つのスポーツに特化したクラブに入ってその動きしかやらないことです。幼いうちは身体の動きを習得しやすいからこそ、1つの動きを徹底すれば上達も早いかもしれませんね。でも、0〜6歳のうちは、**さまざまな動きをすることでさまざまな神経回路をつなげる**ことができる時期です。だからこそ多様な動きの遊びをどんどん紹介してあげて、子どもがやりたがるものから始めましょう。

なんといっても、子どもは動き習得のスペシャリストです！　子どもが自らやりたがれば、もし今日できなくても、明日には少し上手になっているはずです。そんな「できた！」の積み重ねを経験させてあげたいですね。

室内遊びは「なにがいいか」ではなく「いつやるのがいいか」が大事

「モンテッソーリの室内遊び」と言われたら、みなさんはどんな物を想像しますか？　たとえば「型はめパズル」などのいわゆる教具を使った遊びでしょうか？　いいえ、そうではありません。実はブロックや粘土、パズル、ごっこ遊びや絵本といった、一般的な遊びこそモンテッソーリ教育で取り入れられているおすすめの遊びなのです。

ブロックは指先を使い、創造力を育みます。粘土は指の力を使うので、鉛筆やお箸をしっかり持つ力をつけることに役立ち、筆圧にも関わります。パズルは細かな違いを見分ける観察力や集中力が身につくでしょう。ごっこ遊びは「いらっしゃいませ」「こちらのお席にどうぞ」など普段の生活では使わない言葉を使うので、敬語や難しい言い回し、マナーなどを学ぶことができます。絵本を読めば、知識や言語を得ることができます。

このようになじみのある遊びも、子どもにとってはわくわくしながら自分を高められるものなのです。

ですが、ここで注意しなければいけないことが1つあります。それは、どんなに素晴らしい遊びでも、**子どもの発達に合っていなければ、成長をサポートすることができない**おもちゃになってしまうということです。たとえば、ブロックを生まれたばかりの赤ちゃんに与えたらどうでしょう？ まだブロックを組むことができなければ、指先の発達は望めないですし、創造力も育めません。

そこでぜひ、家の中を見回してみてください。

「このおもちゃは手で転がすだけだから、もう3歳の子には簡単すぎる」とか、「言語を学べる物が少ない」とか、**目的を意識してみると発達に合っているかどうかわかる**ようになります。おもちゃは、「なにがいいか？」ではなく「いつがいいか？」が大事なのです。

子どもが外遊びばかりしたがるとき……親はどうしたらいい？

保護者の方とお話をしていると、「子どもがお外にばかり行きたがって困ります」などと話を聞くことがあります。外で遊んでばかりいるとおうちで座って遊べなくなるのでは、と不安が頭をよぎるようですね。でも大丈夫。「子どもがお外で遊びたいという気持ちを尊重して、無理に室内遊びをさせようとしたりせず、**外で思う存分遊ばせてあげましょう**。子どもには「身体を発達させたい」「筋肉を動かしたい」という衝動があります。それに従うことで、生きるために必要な筋肉、自由に動く身体へと自分で発達させていきます。

私たち大人でも、たとえば、お料理教室に行って新しい料理を習ったら家で作りたくなりますよね。そして何回か同じものを作って習得しようとするのではないでしょうか。子どもも同じで、まだできない動きは何度も繰り返して習得したいという気持ちがありますし、できるけれど何回かやって確かめたいという場合もあります。ずっと子どもに付き合うのは大変な場合もあるでしょうが、子どもの「やりたい」をぜひ大切にして思う存分外遊びをさせてあげましょう。

大人は外遊びを、エネルギーの発散くらいにしか思っていないかもしれませんが、まだ発達途中の子どもにとっては、**自分自身をコントロールする大切なもの**なのです。たとえば、最近の公園にはさまざまな固定遊具がありますね。滑り台、鉄棒、雲梯《うんてい》、ジャングルジム、平均台、クライミングなど、どれも「右手をこうして、左手はこうやって、足は……」と全身をコントロールしてやっとできることばかりです。では、全身をコントロールする究極の動きはなんだかおわかりですか？　実は「静止すること」なのです。だから子どもはじっとしているのが苦手なのですね。たくさん動いて自分の身体のコントロールができるようになれば、自然と家で落ち着いてすごせるようになるはずです。

おうち遊びは指先と知性を発達させることを意識する

外

遊びはさまざまな全身運動が大切ですが、おうち遊びは指先と知性を発達させる遊びというのがポイントになります。もちろん、まだ歩行が安定する前の赤ちゃんにとっては全身運動をする場もおうちの中ですが、歩行が安定してきたら、どんどん指先や知性の要素が入った遊びを意識していきましょう。

突然ですが、0〜6歳の指先と知性のゴールとはなんだと思いますか？　究極の「指先と知性の要素が入った遊び」とは、学習（勉強）です。つまり国語や算数など、いずれも文字や数字が書けないとできないことです。「指先」のゴールは鉛筆を持って文字や数字を書くことなのです。そしてその鉛筆を持つときに使う、3本の指を育てたいんです。

続いて、2つめに育てたいのは「知性」。国語も算数も、「同じ」という知性と「順序」という知性があるから理解できることです。たとえば、「りんご」という単語は、「り」という音と「り」という文字（記号）が同じことを知っているから書くことができます。そして、「りんご」と順番に並べることができるからすべての人に伝わる言葉になります。算数も同じで、数量と数字（記号）が同じことがわかり、順序立てて合わせたり引いたりするからできるようになるわけです。

だからこそ、子どもの遊びやおもちゃには**「指先（3本指）」と「知性（同じや順序）」の要素がある遊び**を意識してあげましょう。こう言うと、ついやらせたくなってしまう方が本当に多いので何度も言いますが、大人は遊びを用意するだけ。子どもは自然と指先と知性を育んでいきます。たとえば、型はめパズルは3本指でつまみますし、同じ形の場所にはめていきます。指先と同じという知性が含まれていますね。お絵描きや迷路、塗り絵は指先を育てることができる最高の遊びです。おもちゃは「指先」を育てるものが多いですし、「順序」を育てるには、家事やお手伝い（P44）もぴったりです。

おもちゃがなくても おうちには 遊びがたくさん！

「おもちゃがなければ遊びは楽しくない」「子どもはおもちゃで遊ぶものだ」と、ほとんどの大人が思い込んでいます。実は、おもちゃよりも楽しい、子どもの大好きなものが家庭にあるんです。それは、「生活」や「仕事」です。「全然楽しくなさそう」という声が聞こえてきそうですね。

確かに、子どもは感覚と運きに敏感な時期なのでカラフルで音が鳴る物や動くおもちゃに興味を示します。なぜなら、おもちゃは、子どもがやりたくなりそうな感覚や運きが取り入れられているから当然ですよね。

もちろん、おもちゃもいいのですが、**子どもが本来やりたがっていることは意外なことに大人がやっている「生活」や「仕事」**です。子どもは、よく大人の真似をします。1歳半をすぎて、自由に手足を動かせるようになったころから、お母さんの真似をして掃除機を出してきたり、カトラリーを運んだり、なんでもゴミ箱に入れたりしませんか？　はじめは困った行動としてあらわれることが多いかもしれません。でも、3歳以降はおままごとという遊びとして「生活」を身につけたい、親のようにパソコンを持って「仕事」をしたいという、欲求があらわれてきます。なぜ子どもはそんなことをやりたがるのだと思いますか？

それは、**子どもは生まれながらにして「理想の人間（大人）になりたい」と思っている**からです。大人が毎日やること、真剣にやっていることを見て学び、「これが生きるために必要なことなんだ」と吸収しているのです。遊びというより、子どもは自分自身を育てるために自然とやっているのです。だからこそ、モンテッソーリ教育ではそれらを「お仕事」と呼ぶのです。

とはいえ、当然ながら最初から完璧にできるわけではないので、掃除機をかけてもらってもまだ散らかっているでしょうし、子どものやることが「遊び」に思えるかもしれません。でも、子どもにとっては大人のようにできることがうれしくて、夢中になるとても楽しいことなのです。

家事やお手伝いこそ子どもにとっては立派な「生活遊び」

たとえば、食器を洗うのを子どもにお願いしたとしましょう。子どもからしたら大好きなお水をずっと触っていられて、洗剤であわあわになるのも楽しいし、すすぐのだって泡がなくなって楽しい。しかも「汚かったお皿がきれいになった!」と大喜びしてくれます。大人にとって当たり前すぎて、面倒にさえ思える家事も、子どもにとっては楽しくて仕方がないことなのです。

また、おもちゃで遊んでも、誰かに感謝されることはありませんが、食器を洗ったら家族に感謝されます。「洗ってくれてありがとう。助かったよ」なんて言われたらみなさんはどう思いますか?「自分はすごい」「自分は役に立つ」「自分は必要とされている」と感じますよね。子どもも同じです。生活に関することは、**子どもの自信や自己肯定感を育んでくれる**のです。

さらに、それだけではありません。食器を洗うとき、みなさんは、乾かしてから洗いますか？　いえいえ、洗ってから乾かしますよね。生活のさまざまなことにはやり方や順番が決まっています。ですから、「食器を洗うという遊び」をしているだけで、子どもは自然とルールに従うことができるようになり、さらに**自制心を育み、物事の順序性を理解する**ことにつながっていくんです。

生活遊びは万能で、私の息子たちも大好きです。5歳の長男はよく料理をします。お気に入りはすべての工程をひとりでできる「ししとう炒め」。電子レンジを自分で操作する「ホットミルク作り」にもはまっています。2歳の次男は、靴をブラシで磨くのが好きで、親の靴が汚れているのを発見してはブラシで一生懸命ほこりを払っています。劇的にきれいになるわけではないですが、「ありがとう」と伝えると、目をキラキラさせながら満足そうな顔をします。

「誰かの役に立てた」、そんな心が、子どもたちの自信につながっているんですね。

0歳の赤ちゃんもお手伝いに参加をすれば「家庭」を学べる

家

事やお手伝いを通して、子どもが遊びながら自分自身の心と身体を育んでいるとわかれば、親としては積極的にお手伝いをしてほしいところですよね。ここで大切なのは、**発達に合った家事に誘ってみる**ということです。

大人の真似をするのが大好きだからこそ、子どもは新しいお手伝いに挑戦したがるのですが、それが成長に見合ったものでないと、危険な上に「できないからつまらない」と感じてしまうかもしれません。また、大人は子どものお手伝いに完璧を求めないこと。お料理を手伝ってくれたけれど、余計にキッチンが散らかったなんてこともあるでしょう。でも、「参加をしてくれた」ということが大事なのです。子どもの成長に合わせてできる家事とお手伝いをもとに、子どもの「できた」「嬉しい」をたくさん作ってあげましょう。

とはいえ、「0歳の赤ちゃんに家事なんて無理でしょう!?」と思われるかもしれませんね。でもできることがあるんです。それは、「家事を見る」ということです。赤ちゃんが起きている間は一緒に遊んで、赤ちゃんが寝ている間に家事をするという方が多いかもしれませんが、それでは家事は見たことがないものになってしまいます。つまり「家事は自分には関係がないこと、重要ではないこと」になってしまうのです。

0歳の赤ちゃんの脳は、目まぐるしいスピードで成長しています。どうやって自分の食べ物はやってくるのか、どうやって自分たちは暮らしているのか、吸収して学んでいます。おもちゃで遊ぶのもいいのですが、ぜひ**生活を見せてあげましょう**。生まれてまもない赤ちゃんなら洗濯物を干している間、日向ぼっこをさせてあげたり、風を感じさせてあげるのもいいですね。ズリバイやハイハイができるなら、移動した先々を紹介しましょう。「テレビの近く行ったね」「キッチンにきて、お料理を見たいの?」など。会話の中から「これがテレビか」と知識をつけ、自分がその家庭の一員であることを感じていくのです。

年代別・おうちでできる！身体と心を育むおすすめの遊び

おうちでできる遊びを考える上で大切なことは、子どもの発達に合っているかどうかです。そのためには、目の前にあるおもちゃが「なにを発達させてくれるおもちゃなのか？」「どういう目的があるのか？」考えなくてはいけません。実は我が家には100種類のおもちゃがあるんです。そう聞くと「すごい」と思うかもしれませんが、100種類のボールだったらどうでしょう？「なんだ、ボールしかないじゃん」と思いますよね。あなたの家のおもちゃも、見た目は違っていても、よく見てみると実は目的が同じものしか用意できていないかもしれません。いろいろな分野の遊びを用意してあげることが、子どもの可能性を最大限に発揮させてあげることにつながります。ではここで、年代別、目的別に分けてご紹介したいと思います。

①0歳の遊び

0歳はねんね期に〝見る力〟が発達することで、手を伸ばしたい、移動したいという運動面の発達をうながします。ズリバイなどは歩行のための筋肉を作っているようなものなので、たくさんやらせてあげましょう。家族の一員として家の中を自由に動き回ること、いろいろな素材に触れることが大切です。

「ねんね期」

▼その場で遊ぶ活動

見るモビール、触るモビール

▼指先の活動

いろいろな素材のものすべてを触らせる（絵本もボールもラトルもおしり拭きもすべてがおもちゃです。我が家では離乳食を始める前に離乳食用の木製のスプーンを触らせて、生活の紹介を兼ねて遊ばせていました）

「ハイハイ〜たっち期」

▼全身運動をうながす活動

ボールや木製の車など転がるものすべて

▼その場で遊ぶ指先の活動

いろいろな素材の持つことができるものすべて。積み木、起き上がりこぼし、棒通し（棒に穴のあいたパーツを差し込む教具）、ポットン落とし（パーツを穴の中に入れて落とす教具）など

▼芸術

オルゴール、たいこを手でたたく、ラトル

②1歳の遊び

1歳になると歩行が安定して、どんどん知的なことができるようになります。ですが、じっと座って何かをするよりも、とにかく動き回りたい時期。簡単な家事には熱中します。また、この時期には子どもたちはバランス感覚を養いた

い気持ちがあるので何かを手に持って歩くのも大好きです。また、この時期に最大限の努力ができれば、大きくなっても最大限の努力できる子になると言われています。子ども自身に備わった力を発揮させてあげたいですね。

▼持って運ぶ活動

ゴミを捨てる、食品を冷蔵庫に入れる、洗濯物を洗濯機にいれる

▼最大限の努力を発揮する活動

よじ登る、2ℓのペットボトルを持ったり押したり運んだりする、走る

▼外遊び

多様な動き（漕ぐ、登る、すべる、走る、とぶ、ぶら下がる、蹴る、投げる）

▼指先の活動

パズル、はさみ、のりで貼る、紐通し（ビーズや紐を通す教具）など

▼簡単な家事（指先、仕組み、全身運動などすべての要素を網羅した活動）

しめじをさく、玉ねぎの皮むき、窓拭き、バナナを切るなど

▼芸術

たいこをばちでたたく、CDを聴く、お絵描き、ブロック

③2〜3歳の遊び

2歳になると机に向かって指先の活動で遊ぶことが増えていきます。簡単な家事は、一部ではなく一緒にすべての工程をちょっとずつ楽しみましょう。

この年齢は書き言葉の敏感期が始まりひらがなに興味を持ち始めます。自己表現としての〝芸術〟も成長が見られます。

▼外遊び

多様な動き（こぐ、登る、すべる、走る、とぶ、ぶらさがる、蹴る、投げる）

▼指先の活動

ねんど、パズル、はさみ、のりで貼る、折り紙、同一性遊び

▼簡単な家事（指先、仕組み、全身運動などすべての要素を網羅した活動）

料理、食器洗い、窓拭き、お風呂掃除、トイレ掃除など

▼言語

五十音表を貼って見せる、ひらがな絵本を読む、五十音をならべる、文字をなぞる

▼芸術

音階のある楽器をたたく、CDを聴く、ブロック、お絵描きなど

④4〜5歳の遊び

4歳になると言語だけでなく数にも興味が出てきます。ビーズや果物、お菓子など生活の中で繰り返し数えることが数の理解を深めてくれます。外遊びでは道具を使った遊びができるようになり、身体のコントロールや動かし方も上手になります。

▼外遊び
多様な動き（鉄棒、バドミントン、キャッチボール、縄跳び、自転車など）

▼指先の活動
折り紙、工作、トレーシングペーパーで文字や絵をなぞる、文字や数字を書く

▼多角的な活動（指先、仕組み、全身運動などすべての要素を網羅した活動）
家事全般

▼言語
カタカナを学ぶ（見る、読む、書く）、絵本を読む

▼数
物を数える、数字のカード、時計を読む
▼芸術
ブロック、自由画、ピアノ

⑤6歳の遊び

6歳になると知性が発達してくるので、工程を省略したり理由がなければしないことも増えてくるでしょう。なので、外遊びも家事も子どもがやりたがるものがさらに絞られてきます。もう文字が書ける子は書くことで指先を洗練させ、本を読んで学んでいったり、数も頭で数えて暗算をしていくことが増えていきます。自己表現活動として、ブロックや工作で作るものは高度になり、音楽もやっていれば上達していきます。

▼外遊び
多様な動き（幅広く）
▼多角的な活動（指先、仕組み、全身運動などすべての要素を網羅した活動）

家事全般

▼言語

絵本を読む、ごっこあそび、文字や手紙を書く

▼数

数字のカードなどを使って暗算、数字や数式を書く、大きい桁や数字を言って楽しむ

▼芸術

ブロック、工作、ピアノや木琴など演奏

※いずれの遊びも子どもの自由な動きをなるべく尊重しながらも、必ず親の目の届くところで危険がないかを確認しつつ遊ばせてください。また包丁や洗濯機の扱い、誤飲などにはくれぐれもご注意ください。

遊び編

ここでは、保護者の方から寄せられた質問にお答えします。
同じような疑問をお持ちの方はぜひ参考にしてみてください。
最初は「遊び」にまつわる質問です。

Question 1

お仕事の道具を投げたり、
違う使い方をしてしまいます。
どんな声かけをしたらよいですか？

Answer

投げてはいけないと伝えつつ、子どもの気持ちを探る

まず「投げないよ」と伝えてください。簡単すぎる、やり方がわからないなど理由があるのかも。意思を確認し、やると言ったらやり方を見せ、それでも投げるなら片付けて翌日やりましょう。

Question 2

スマホで動画を見始めると
なかなかやめられません。
どうしたらいいですか？

Answer

子どもにとってわかりやすいルールを作り、徹底させましょう

どんなときにどのくらい（何分間）なら見ていいかというルール作りを。「タイマーがなったら」「1つの番組が終わったら終了」「日曜日だけ見ていい」など、わかりやすいルールが大切です。

Question 3

同じレベルのおもちゃの
レパートリーが少ないですが、
色々用意して
あげるべきでしょうか？

Answer

レパートリーよりもいろいろな要素が大切！

指先、全身運動、言語、感覚、数などおもちゃにはいろいろな要素があります。レパートリーを増やすのもいいですが、それぞれの分野の遊びを用意できたら、全ての機能を刺激して遊べます。

Chapter

2

おうちでできるモンテッソーリ

モンテッソーリ教育を取り入れたいけれど、お部屋のリノベーションや、教具の用意が必要なのではとちょっとおっくう……。
そんな方に向けて
0歳、2歳、5歳の乳幼児を育てる
我が家で実際に取り入れている
手軽で実践的な環境作りをお教えします！

おうちで取り組む前に知りたいモンテッソーリのイロハ

おうちでモンテッソーリの環境を作るというと、教具を用意しなくてはと思うかもしれませんが、それはあくまで枝葉にすぎません。たとえば、手先のコントロールを育む小さな穴にパーツを落とすポットン落としは、家庭で用意しやすい遊びの1つですが、モンテッソーリ教育で子どもの人格を作るという面では、おもちゃを置くだけでは足りないのです。

イロハ①自己選択ができること

子ども自身が「これがやりたい」と選ぶことができる状態です。自分でなにをやるか選ぶことは子どもの意志を強くし、先を見越して動く計画性にもつながります。自分で選択することが、人格形成に大きく関わっています。

イロハ②遊びの自由があること

自己選択も自由に含まれますが、ここでいう自由は「遊びをいつ終わりにしてもいいし、いつ始めてもいいし、何回やってもいい」という自由です。やりたいなら思う存分繰り返せるし、やめたいなら途中でやめたっていい。そんな自由があるからこそ、人格作りに必要な「またやってみよう」という挑戦する心につながるんです。

イロハ③発達に合っていること

どんなにいい環境も、子どもの発達に合っていなければ意味がありません。つい年齢で判断してしまいますが、子どもを観察して、その時身体や知性の面で伸ばしたがっていること、やりたがっていることに合っている物を用意してあげることが大事なのです。

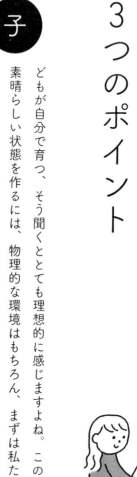

子どもの自立をうながす環境を作る3つのポイント

子どもが自分で育つ、そう聞くととても理想的に感じますよね。この素晴らしい状態を作るには、物理的な環境はもちろん、まずは私たち親のマインドを変えることが必要です。

親は、子どもはなにもできない存在、なんでもやってあげないといけない存在と思い込みがちです。ですから、私たちはいつも忙しくお世話や家事に追われてしまっているのではないでしょうか。

ですが、子どもたちは、本当はもっと自分でできるし、本当はもっと自分でやりたいのです。お手伝いだって人の役に立てるから大好きなのです。しかし、日常ではそれをやらせてもらえなかったり、やらせてもらっているんだけど急かされたり、できるけれど「なにが正解なのか」わからなかったりするので、うまくできないだけなのです。**まずは親が子どもの力を信じてあげることが、子どもの自立の第一歩**です。親のマインドが変わったら、次は3つのポイントに沿って環境を整えてあげましょう。

自分で育つ環境①自由にさせてあげる

まずは、子どもがやりたいことを自由にできる環境を作ることが大切です。ただ、「そんなの簡単。好きにさせればいいんでしょ」と思った方、実はそんなに単純ではありません。

考えてみてください。私たちが、お友達の家に初めて行ったとき「好きに過ごして」と言われても、自分の家のようにはできないですよね。なにをするにも、「あれはどこ？」「これはどうやって使うの？」「これ使っていい？」と聞かないといけません。これと同じように、大人が自由にさせたつもりでも、子どもがその使い方がわからなければ自由にさせたことにはならず、自立には結びつきません。では、どうしたらいいのでしょうか。

自分で育つ環境②やり方を紹介する

前のページで私は「子どもを自由にさせてあげましょう」と述べましたが、もしかしたら「自由にさせたら危ないし、家がめちゃめちゃになるよ!」と思った方がいらっしゃるかもしれません。そうなんです、子どもは物事のやり方を知らないから「お母さんがこの引き出しからなにか出していたな」と真似をして洋服を全部出してしまったり、どうやって片付けるか知らないから、出しっぱなしで散らかしてしまうんです。

ですから、子どもに自由に過ごさせる前段階として、やり方を伝えることが大切です。使い方はもちろんですが、とくに出し方、使い方、片付け方まで伝えるようにしましょう。

自分で育つ環境③使いやすくする

物の配置によって使いやすさは大きく変わります。たとえば、ドライヤーはリビングにあるより、洗面所にあった方が多くの場合便利です。では、その洗面所の高い棚の奥の方にあったらどうですか？　毎日使う物なのに出しにくくて不便ですよね。使う頻度が高い物はすぐに届く場所にあるべきです。さらに、1つの引き出しに、ドライヤーもタオルも下着も全部一緒に入っていたらどうでしょう？　ドライヤーを出したいのに、コードがタオルにひっかかって、「もういや！」となりますよね。

身体が小さく未発達な子どもにとっては、すべての物がまさにこんな状態。大人にとって使いやすい配置と子どもにとって使いやすい配置は違うことを理解しておくことが大事です。

たとえば子どもの洋服を置くなら、子どもでも手の届く高さの棚の、子どもの力でもスムーズに開けられる引き出しに、今の季節に合った服だけが入っていたら、子どもでも自分で出すことができるわけです。このように子どもが使いやすくするための配慮をしてあげることで、子どもは自由になれるのです。そのために踏み台やおまる、子どもサイズの道具などを家庭の中でもうまく活用するといいでしょう。

このように3つのポイントをおさえて環境作りをするのですが、正直なにからすればいいの？　と迷ってしまいますよね。そんなときはまず、遊びから取り組みましょう。

遊びにおいては、ほとんどの方が「①自由にさせてあげる」はできていると思うのですが、「②やり方を紹介する」ができていないことがよくあります。遊びのやり方を説明していても、お片付けを丁寧に紹介していなかったり……。その際、子どもに片付けをさせようとするのではなく、「お片付けを紹介する」というスタンスにしましょう。「いいこと教えてあげるね、これはこうやって片付けるよ」と、「やらせるのではなく、紹介していく」ことで、いつか必ず自分からやり始めます。

それができたら、「③使いやすくする」のもとても大事です。使っていないおもちゃ、発達に合っていないおもちゃは押し入れにしまいましょう。また今使っているおもちゃも、おもちゃ棚は出し入れしやすいか？　片付けやすいか？　すぐに遊べる状態か？　と考えて整えましょう。遊びの環境を整えると、子どもが「やりたい」と思ったときにすぐに遊びを始められます。遊びを探す作業もなくなりますし、探している最中に違うものを発見して気持ちが逸れることもなくなります。これで、**子どもの「これをやりたい」という意志を強**

くして、集中力を育てる環境が作れるのです。

次は生活面を整えましょう。ここが一番大切です。**今まで親にやってもらっていたことを自分でできるようになる**わけですから、大きな自信になります。着脱、食事、掃除など家庭ごとに取り入れやすいものから、子どもが取り組みやすいように1つずつ環境を作ってあげてください。はじめはうまくいかなくてやきもきするかもしれませんが、見守ることが大切です。

信じられないかもしれませんが、生活面を整えることで、優しさを自然と育むことができます。我が家では、5歳の長男が「お母さん、カフェオレ飲む？」と濃縮コーヒーと牛乳をコップに注いで持ってきてくれます。2歳の次男は、自分がみかんを食べたいときに「おたーたん（お母さん）」と言って私にもみかんを持ってきてくれます。どれも、自分でできるからこそ、人にやってあげたくなるという、子どもの中から自然に生まれた優しさでしょう。

ぜひみなさんにも、こんな幸せな子育てを体験してほしいと思っています。子どもの自立は、子どもの自信になり、親が楽になり、楽しい子育てになります。できるところから取り入れてみてくださいね。

0〜6歳の発達に合わせた暮らしと自立につながる環境作り

生まれたばかりの赤ちゃんはまだ自分で動けないので、「遊ぶ場所はここ」というふうにスペースを作ってあげます。ズリバイやハイハイをするようになったら、どんどん活動スペースを広げてあげましょう。大人にとっては入ってほしくない場所もあるでしょうが、赤ちゃんにとっては「リビングまで行けるようになった」「洗面所まで行けるようになった」と自信をもち、自分の家を把握して知性を伸ばしています。自分の身体をコントロールしながら移動できるようになった範囲すべてが活動スペースなのです。

そんな時期、触ってほしくないものがあるからと、赤ちゃんの行動範囲をべビーゲートで部屋ごと制限してしまう方がいますが、それはおすすめしません。親は行けるのに自分は行けないというのは、心理的に「あなたはすべて知っていいわけではない。知らなくていいことがある」と伝えるようなものです。すると、子どもは大きくなっても、気になるけど見て見ぬふりをしたり、心理的な制限がかかって、素直に「やってみたい」とか、「触ってみたい」というふうに言えなくなってしまいます。積極性や自発性が奪われてしまうんですね。

ですから、赤ちゃんが動き始めたら、もちろん小さいものや壊してほしくない物、危険な物はを片付けることは必要ですが、家族が生活をしていく上で必要な物に関しては、**赤ちゃんも家族ですからひとつひとつ丁寧に伝えていく**ようにしましょう。「ここは危ない物が入っているから開けないよ」とか「これは食器だから見るだけだよ。これ触りたいの？ これはお母さんのお茶碗だよ」など、可能な限り、赤ちゃんの知りたい欲求を満たしてあげましょう。

おもちゃが散らかっていても大丈夫

この時期は床が赤ちゃんにとっての遊び場所だからこそ、おもちゃが床に散らばっていても大丈夫です。興味が湧いたおもちゃにたどりつくことも遊びです。
ただ、おもちゃが多すぎると赤ちゃんの移動範囲を狭めてしまうことも……。数にこだわるのではなく、赤ちゃんが動き回っているかなと観察してみましょう。

歩き始めたら意識すること

さて、自分で歩けるようになってきたら、行動範囲は家だけでなく、外（近所）まで広がっていきます。子どもにとって、この範囲すべてが学びの環境です。道路の歩き方、公共のルール、スーパーでのお買い物のルールや公園での遊び方などのルール、そのひとつひとつを声に出して、どんどんお話しをしてあげましょう。

一方、おうちの中では、机に向かって遊ぶことができるようになります（P52）。このとき、子ども専用の机があるといいでしょう。物を運ぶことができるようになり、おもちゃを机に持ってきたり、片付けたりすることも自然と学んでいきます。**この時期に、お片付けを習慣にするのが一番おすすめ**です。赤ちゃんの時期とは違い床は片付けて、出したら片付けるように大人が見本を見せてあげましょう。

3歳以降は、背も大きくなるにつれ、それまで使っていた机が狭く低く感じられるようになっていきます。お子さんに合わせて机や椅子を大きくすることはあるかもしれませんが、基本的には机と椅子で活動をするというスタイルはこのまま続けていきます。

入園準備で大切なこと

保育園や幼稚園に通い始めるとき、新しく用意しないといけないもの、作らないといけないものが園によってたくさんありますよね。こんなときはどうしても用意することだけに夢中になってしまいがちなのですが、この**「用意したもの」が子どもにとっては園にいるときに家庭を感じるよりどころになる**のです。ですから、園に通い始める前に、何度か家庭で使い、子どもが自分のものだと認識できるようになってから持たせてあげましょう。また子どもの目の前で名前を書けば、文字への興味にもつながります。ちょっとしたことが、子どもが育つきっかけになるのです。

身支度は1歳半からできる

さて、園に通うと毎日の身支度も必要になってきますね。その身支度、大人がやってしまっていませんか？　カバンの中に物を入れる動きはとても簡単で、1歳半くらいからできることです。もちろん時間もかかるし、上手じゃないかもしれません。ですが、ほんの少しでいいんです、リュックのファスナーを開けるとか、引き出しからタオルを運ぶとか、何か一つでも関わらせてあげると、子どもは「身支度は自分でやること」と認識してくれます。大人がすべてやってしまうと「大人がすること。自分でしなくていいこと」になってしまいます。子どもが自分でできるようにするためには、身支度で必要なものを一箇所にまとめてあげることです。まずは、**目の前のものすべてリュックに入れるというのが最初の「お仕事」**です。

おすすめは1歳半になって歩行が安定したら、マイリュックを持たせることです。園に行くときも、プライベートで出かける時もいつも持ち歩きます。入れるものはおもちゃではなく、おむつや着替え、靴下、ティッシュやハンカチなど〝本当に〟必要な物。1セットずつ入れてあげて、予備は大人のバッグに

いれましょう。手を拭く時も、鼻を拭く時も、「ここから出すんだよ」と子どものバッグから出してあげることで、自然と自分で管理するようになっていきます。

4〜5歳は目的やルールを一緒に考える

4〜5歳になって、目的を意識できるようになり、自分でこれを持っていきたいなどと持ち物を管理するようになってきたら、少しずつ大人が手伝うことは減らして子どもにまかせるようにしていきます。

そして、小学校へ行く準備として、帰ったら必ず、リュックやバッグの中身を出すということをさせます。園からのお手紙やお知らせは、毎日あるものではありません。ときどきあるからこそ、忘れてしまいがちですし、習慣として身につきづらいものです。だからこそ、毎日帰ってきたら中身をすべて出す習慣にすれば、手紙やお知らせに気づくことができます。

出したものは所定の場所に置くのが簡単です。洗濯物は洗濯カゴへ、お弁当はキッチンへ、手紙やお知らせは冷蔵庫に貼り付ける、など……。ポイントは、置く場所をしっかり決めることです。大人は「その辺に置いておいて」と言われてもできますが、子どもは「その辺ってどこ？」と思ってしまいます。枠があったり、専用の入れ物があったりすると、子どもにとってわかりやすいです。また、たとえば手紙を冷蔵庫にくっつけるなら、そのマグネットを一緒に買いに行くなど、**子どもと一緒に仕組みを作ることも大切**です。そうすることで、自分もルール作りに参加できたと感じられるので、自発的にルールを守ったり作っていけるようになっていきます。

私の長男が4歳のとき、身支度に時間がかかってしまうのでどうすればいいか本人に聞きました。すると「なにを用意し終わっていて、なにを用意していないか忘れちゃう」と言っていたので、「じゃあ紙に書いて壁に貼っておこう」と持ち物リストを一緒に書いて用意したら、毎日自分で読みながら支度をするようになりました。5歳になった現在は、もうリストを見ないで支度をすることができています。最近はどうしたらもっと身支度しやすいか自分で考えるようになってきて、「身支度棚は玄関に置いた方がいい」とメジャーを取り出して棚と置きたい場所を測り始め、「ここに入るから移動します」と言って、夫に協力をあおいで移動させていました。

つまり、子どもが身支度できるように環境を整えたり工夫することは大切なのですが、**最終的には身支度ができるのであれば、その子にとってわかりやすい方法でいい**わけです。Ｈｏｗ ｔｏに振り回されすぎずに、ぜひいろいろ試しながらお子さんと対話することも忘れないでいただければと思います。

子どもの登園やお出かけの際に必要なものはすべて玄関のこの棚にセットしています。物の置き場所を決めておくことで、子どもが「どこにバッグがあるの？」など探すことがなくなり、進んで身支度ができるようになります。

子育てのお悩みTOP3はモンテッソーリの環境作りで解決

モンテッソーリ教育では、環境を整えることをとても大切にしています。たとえば、子どもが集中しないとき、私たちはなんとか子どもの気をひこうとしてしまいがちです。ですが、**そもそも気を散らせるものをなくせば、私たちが気をひかなくても子どもは自然と集中してくれる**ことがあります。家庭は生活する場所であり、リラックスする場所であり、プライベートな好きなことをする場所であり、家族のコミュニケーションの場でもあります。おうちのそれぞれの部屋やスペースなどの環境には役割があり、みなさん過ごしやすいように整えていると思います。それらを、子どもにとっても過ごしやすいようにしてあげましょう。

そして人的な環境である私たち**親は、子どもを尊重しつつ見本を見せて**あげましょう。それだけでも子育てが180度変わり、大人が楽になるだけでなく子どもも自分で成長していきます。

ママやパパからは、「子どもがなかなか寝てくれない」「ご飯を食べてほしいのに遊び始めてしまう」「歯磨きのたびに泣かれてしまって困る」などという声を多く聞きます。これらは子育てで大変なことTOP3（睡眠、食事、歯磨き）といっても過言ではないかもしれません。

このTOP3も、実は環境を整えるだけで子どもが自分から積極的にやってくれたりします。口うるさく言ってもやってくれないのに、子どもが自分からやり始めてくれたら、こんなに嬉しくて楽なことはありませんね。TOP3を解決して、子育てをもっと楽しくしましょう！

次ページからはさらに具体的なモンテッソーリ流の解決法をお伝えします。

お悩み 1 睡眠

なかなか寝ない子が自然と眠りにつく！おすすめのポイント

子どもが身体を休め、成長するためにも、睡眠はしっかりとることが大切です。わかってはいても、なかなかそれができないご家庭も多いよう。ここではそんな方にも取り入れやすいコツをお伝えします。

子 寝ることだけに集中できる環境

いい睡眠環境とは、おもちゃなどがない「つまらない環境」。子どもはなにかすることがあると、なかなか眠くなりません。会話が入眠のじゃまになることも。寝る前に絵本を読んでいる方は、ベッドの上ではないところで読んでから布団に入りましょう。おもちゃやぬいぐるみを持ち込まず、布団に入ったら、もう寝るしかすることはないという環境をしっかり作りましょう。

日中の生活を意識する

夜の睡眠は日中の生活にかかっています。夜、なかなか寝ない原因がお昼寝ならば、いっそお昼寝を短くしたり、なくしてしまいましょう。なかには2歳でお昼寝をしない子もいます。また、日中の運動量や刺激量は睡眠に深く関係しています。ですから、「布団に入ったら即眠る」という習慣が身につく前はとくに、日中の活動量をしっかり確保してあげて、疲れて眠るという状況を作ってあげられるといいですね。

夕方から徐々に照明を落とす

最後は光の力を借ります。入眠習慣がついていない子どもは、寝る直前に急に電気を消されると怖いだけです。ですから、夕食後から間接照明で部屋を暗くしていきます。だんだんと睡魔がやってきて、布団へ行ったらパタっと寝てくれます。その結果、我が家の寝かしつけにかかる時間は5〜15分です。

お悩み
②
食事

食べない子が食べるようになる！日々の習慣

モ ンテッソーリ教育において食事とは、栄養摂取とコミュニケーションの時間です。ですから、私は食事とともに会話を楽しむことを伝えたいと思っています。ここでは食事を楽しくとるために取り組んでほしいことを紹介します。

食事の準備から片付けまで、参加させる

まずは食事の準備から片付けまでを家族で行うこと。我が家では子どもが料理を作る日もあれば、箸を運ぶだけの日もありますし、どうしてもやりたくない日は「お母さんが代わりにあなたのスプーン運んだよ」とやってあげるこ

ともあります。いずれにしても気持ちは必ず参加させて、知らないうちに食事の準備やお片付けなどが全部終わっちゃった、なんてことはないようにします。

一番のおすすめは料理に参加してもらうこと。自分で作ったものがあると、意欲的に食べるようになります。野菜のあえものをまぜてもらうとか、胡麻をかけるとか、簡単なことでOK。それだけで食事に気持ちが向かうようになります。家族はやってあげる存在ではなく協力者です。子どもも役割を果たして、認められることで、協調性や、自信を身につけていきます。

食事に集中できるよう余計なものは片付ける

食事中、遊んでしまわないように、おもちゃは事前に片付けておきます。机の上にあったり、床に落ちていたりすると、気が散る原因になってしまいますから、視界に入らないようにすることが大切です。同じ理由で食事中にテレビや動画を見せるのもおすすめしません。

それでも遊びだしてしまったときは「遊びたいの？」「じゃあもう食事をおしまいにしようね」とか「食事が終わったら遊ぼうね」など食べながら遊ぶことがないように習慣づけましょう。

お悩み ② 食事

あえて「割れる素材の食器」を使ってコントロール力を育てる

子

どうも用品の便利グッズは、たとえば落としても割れないプラスチック製品など、大人からしたら「便利！　これで子育てが楽になる！」と思ってしまうものばかりです。ですが、こういった便利グッズは発達を遅らせてしまうこともあるので注意しなければなりません。落としても割れなければ、子どもは物を雑に扱うことに慣れてしまうかもしれません。また、中身がこぼれなければ、こぼさないように慎重に運ぶということがいつまで経っても身につきません。便利グッズは大人にとっては便利でも、子どもの成長についてはよいとは言い切れないのです。

そう書くと「子どもなんだから、雑なのは当然じゃないの？」と思うかもしれませんが、そんなことはありません。幼い子どもは、脳神経がどんどんつながっていろいろな運動能力を身につけていく運きのスペシャリストです。私たち大人の場合は、不器用な人が今から器用になることは難しいですよね。それは脳神経がもうできあがってしまっているからです。ですが、子どもが上手にできないのは、脳神経が未発達なだけ。動けば動くほど、さまざまな脳神経がつながっていろいろな動きを習得してできるようになっていきます。ですから、あえて落としたら割れてしまうものや、傾けたらこぼれてしまうものを使って、大切に扱うことを伝えていくことがとても大切なのです。そうすることで注意力やコントロール力が育まれていきます。

大事なポイントは、割れる素材のものや良質な素材のものをただ使うだけではなく、「両手で持とうね」「お茶を持ってるときは走らないよ」と、大人が当たり前にやっていることをあえて言葉に出して伝えるということです。もしうまく伝わっていないようなら見本を見せるのもおすすめです。

子ども食器にキャラクターはOK？

子どもが食事を楽しんでくれるように、あえて子どもの好きなキャラクターなどの食器を使っている方もいるかもしれません。でも、これも子どもの食事への注意を阻害する可能性も。今日あったできごとなど、家族の会話を楽しむためにも、シンプルな食器がおすすめです。

お悩み
3
歯磨き

自分から歯磨きをする子に育てるために最初にやるべきこと

突然口の中になにかを入れられそうになったら、誰でもびっくりしますよね。まだ歯磨きが習慣になっていない子どもにとって、歯ブラシは不快な物。また、子どもの皮膚はとってもやわらかくて繊細だからこそ、歯ブラシが当たるだけで口の中が痛いと感じます。

鏡を見ながら磨く

まずは歯磨きに慣れるためにも自由に磨かせてあげましょう。大人は同じタイミングで歯を磨いて見本を見せます。子どもは自分で歯ブラシを持って、噛んだりシャカシャカ動かしたりします。子どもが口の中をのぞける高さに鏡があるなら、大人が見本を見せてあげると、子どもも鏡を見ながら自分ができているか確かめられます。手鏡でもOKです。

座らせて好きなだけ磨かせる

自分で磨いていているときは磨きながら歩いたり、歯ブラシで遊ばないように、必ず座るように声をかけます。腰掛けると行動が落ち着き、歯を磨くことにも集中できます。歯磨きが習慣になるまでは、思う存分自分で磨けるよう「できたら仕上げするから教えてね」と本人のペースを認めてあげることも大切です。

仕上げ磨きは触れ合いの時間

仕上げ磨きには触れ合いという目的もあります。トイレや着脱、お風呂もそうなのですが、子どもの身体に触れるタイミングは愛情たっぷりに関わってあげましょう。我が家では、私が足を伸ばした上に息子が寝転んで歯磨きをしています。歯磨きが苦手なうちはどこから磨いてほしいか聞き、「次はここを磨くよ」と確認しながらすすめると子どもも安心できますね。

ちょっとした工夫で おうちの中に モンテッソーリの環境を作る

ちょっとした工夫はほかにもたくさんあります。子どもの環境を整えようとすると、つい子どもの好きなキャラクターを壁に貼って、部屋をカラフルにしてしまいがちです。ですが、これが大きな落とし穴なのです。子どもたちはそれらが気になってしまい、本来興味を持ってほしいところに関心を寄せなくなってしまうもの。子どもは大好きなものが目の前にあると、興味がそこにいってしまいます。すると、子どもたちは「やりたいわけではない」けれど、そちらに目が向いてしまうのです。子どもにとって使いやすくすることが一番大切で、デコレーションは必要ありません。子どもは「自分でできる」ということ自体が興味になって「やりたい」「やってみたい」と思うようになるのです。そんな意欲を育む環境作りを次からご紹介します。

子どもの水場

100円均一のウォータージャグで水の出るキッチンを

子どもは水が大好き！　我が家は、市販のキッチン台に100円均一のウォータージャグを取り付けて改造した子どもの水場を作りました。1〜2歳の子でも自分で手を洗ったり、水を汲んで植物にあげたり、慣れたら自分の食器を洗ったりしてくれます。

子どもの水場のいいところは、子どもが水を自由に使えること。ただし、水をこぼして遊んだり、水鉄砲で遊ぶのではなく、生活の仕方を教えることが大切です。水を触りたいから、水を使うお仕事をしたがり、水を使うお仕事をするから、人に感謝されることを知り、大人と同じことをしたという大きな自信を得ることができるのです。

長男が3歳のとき「お弁当箱ちょうだい」と言うので渡したら、「洗ってあげますからね〜。きれいになったかな〜」と私のお弁当箱をピカピカにしてくれました。ちなみにジャグから出た水はシンクにたまるので、親が都度、排水しています。

洋服の収納

自分で選んで着られるようになる収納システムを用意する

子どもの収納で最も大切なのは、洋服を子ども自身が選べるようにしてあげること。子どもができるなら、畳んで収納しても、ハンガーにかけても、どちらでもよいです。

毎日の洋服を自分で選ぶことによって、自分の選択に自信が持てるようになり、大きな決断もできるようになっていきます。人生は選択の連続です。誰と仲良くしたい？どの学校に行く？　どこに就職する？　誰と結婚する？子どもはどうする？　など……。小さなことでもたくさんの選択をしていくことが、その人の決断力の源になっていきます。だからこそ、洋服を選ぶという小さなことから取り入れてほしいのです。

次男（2歳）と三男（8ヶ月）のお洋服はオープンな棚の箱に入れています。棚の隣にお着替え済みの洋服を入れるバケツを置くことで、朝起きて着替えてから、脱いだパジャマをバケツに入れるまでの一連の動作を自然に行えます。

選択自体は実は0歳でも可能です。赤ちゃんに、「どっちがいい？」と2着の洋服を同時に見せてあげてください。すると、赤ちゃんは自分の好きな方をじーっと長く見たり、にこっと笑ったりしてくれます。そうしたら「これが着たいのね！」と選んだ方を着せてあげましょう。

また、自分で選ばせると、夏なのに真冬の服を選んでしまい、そのまま着ていったら熱中症になるかも……なんてこともあるかもしれません。子どもは「今日これを着よう！」とせっかく選んだのに「この服はダメよ」と言われてしまうと「自分の選んだことは認めてもらえない」と考えてしまい、決断力を育むチャンスを失ってしまいます。ですから、大人が季節に合わせて、事前に選んでほしくないものは除いておいて、どれを選んでもいい環境を作ってあげましょう。

長男（5歳）の洋服はタンスに入れています。下着も洋服もすべて同じ場所にしまい、朝起きて自分で洋服を選んで着ています。洋服が多いとどれを選んでいいかわからなくなるので、着やすい洋服を厳選して入れてあげましょう。

食器棚

どんな年齢の子もみずからお手伝いできるように選択肢を用意

モンテッソーリ教育において、食事はみんなで準備をして、みんなでおいしく食べて、みんなで片付けをする、とても幸せな時間です。小さい子も大きい子もそれぞれができることをやります。「○○ちゃんが生けてくれたお花」、「あっちは○○くんが作ってくれたきゅうりの浅漬け」など、「自分のしたことが、みんなのためになったんだな」と感じることができるので、とても大きな自信になり、子どもは本当に満足そうな顔をしているんです。

我が家でも、食事を作るところから準備、食べる、片付けまで、すべて家族全員で行います。「そろそろ食事にし

ダイニングテーブルは食事をするところなので、物を置かないようにしています。
子どもはテーブルでパズルをしたりしますが、終わったら片付けるので基本はいつもきれいな状態です。

ようか」と、それぞれがやっていたことを片付けて、家族みんなで食事の準備をし始めます。

もちろん、「折り紙の続きをどうしてもやりたいから、今日はできない」なんてこともあります。そういうときは「代わりにやっておくね」と、子どもの「やりたい」気持ちを尊重します。でも食事はみんなに関わることで、子どもにとってそれに関わることができるのは満足感が大きいことで、よっぽどのことがない限り参加してくれることが多いです。

こんなふうに話すと「小さな子の食事のお手伝いっていったいどんなことをするの？」と思われるかもしれません。料理をしたり、日によっては配膳をしたり、自分のスプーンを運ぶだけのこともあります。「これをしないといけない」ということが決まっているわけではなく、おのおのがやりたいことをやるのです。ここでも、自分で選ぶということを尊重しています。

子どもたちが食器を自分で出すので、引き出しを低い位置に移動。さらに引き出しの手前に食器を置いてあげることで取りやすすように工夫しています。

ですから、出しやすい位置に食器を置いたり、箸など尖って危ないものはカゴに入れて運ぶように、工夫をするといいです。また、しゃもじやトングを使って、子どもが自分でよそうことをまかせるのもよいでしょう。こうすることで自分が食べる量を意識することができるようになり、食べることに積極的になります。

ちなみに、味噌汁などを運ぶのは、高度な体の動きを必要とすること。決して年齢ではなく経験によるところが大きいですから、まずはこぼれても熱くないものですこしずつ挑戦してみてくださいね！

子ども用の机

専用の机で、集中力と自分のスペースを管理する力を育む

0〜6歳だと子ども用の机がないというご家庭は多いのではないでしょうか？　「ダイニングテーブルで遊べば十分でしょ」「子ども用の机は小学生からじゃないの？」など、よく聞かれます。もちろん、ダイニングテーブルでもいいのですが、子ども用の机をちゃんと用意した方がいい場合があります。

たとえば、お絵描きや粘土など机に向かって遊ぶとき、ダイニングテーブルだと家の真ん中にあることが多いので家族が動き回るのが気になってしまい、集中を妨げてしまうことがあります。その点、子ども用の机なら、自由に置く場所を考えられるので、壁向きにしてあげたり、部屋の

長男用の机は大人サイズで、座面や足置きが成長に合わせて変えられる椅子を設置しています。お絵描きの途中のものや文具など、それぞれ決まった場所にしまってあります。

隅にしてあげることで、子どもの集中を手助けすることができます。もちろん、お子さんによってはダイニングテーブルでも集中して遊べる子もいますので、様子を見て検討してみるといいですね。0〜6歳の時期の集中（物事に対する姿勢）というのは、生涯持ち続けることができる大切な能力です。ぜひ、子どもの集中を小さいうちから守ってあげたいものです。

そして、子ども用の机のいいところがもう1つあります。それは、範囲が限られているということです。ダイニングテーブルは家族みんなの食事スペースなので、大きいですよね。ですから大きなテーブル全体に広げて遊んでしまいがちです。ですが、子ども専用の机だとどうでしょう。スペースが限られているので、広げすぎると物が落ちてしまいます。そうすると子どもは自分で机のどこに物を置こうか、広げすぎないようにしたり、都度片付けたり、自分で管理するようになっていくのです。

次男がメインで使用している机は、自分で椅子の出し引きができる高さにしています。壁に向かって設置して、長男の机やダイニングテーブルも見えない場所なので、集中して遊びを楽しんでいます。

子ども用ベンチ

目的別のベンチは親子とも生活が楽になる魔法のアイテム

我が家はいたるところに、子ども用の椅子（ベンチ）が用意されています。玄関、洗面所、トイレ、リビング……。「そんなに必要？」と思ってしまいますよね。ですが、それぞれ目的があって、ベンチがあることで子どもは「今、何をしているのか」を自然に意識することができるのです。子どもはベンチに座ることで意識が行動の目的に向かうようになります。そのため、大人の「○○をしなさい」という声かけを減らすことができるのです。

たとえば、玄関のベンチは靴の脱ぎ履きをするためのもの。子どもが靴を履きやすい高さにしてあげることで、自

洗面所近くの廊下に置いているベンチ。歯磨きのときに座ったり、洗面所の電気をつける踏み台代わりにもなっています。

立を助けます。

洗面所近くのベンチは、歯を磨くときに座るためのもの。ベンチがあることで歩き回らず、落ち着いて歯磨きができます。

トイレのベンチは、排泄後に着替えをするためのものです。大人はトイレの際、足もとにパンツやズボンをとどめて済ませることができますが、排泄が自立していない子の場合、パンツもズボンもすべて脱いで補助便座などに座ることが多いので、穿き直すことが必要になってきます。そんなとき、ベンチがあると「ここで穿くんだ」ということがわかりやすく、着やすいので親の手伝いなしで自分で穿くことが増えていきます。お漏らしで濡れてしまったときにも自分でお着替えができるようになります。

リビングに置いているソファは、一人で絵本を読むための場所。床に座り込んで読むと、絵本棚が目に入ってしまい次から次へとちがう絵本をどんどん出してしまう、なんてことになってしまいがちですが、絵本棚と離して置いて

リビングのソファは子どもたちが本を読むときに使っています。椅子の隣に鏡が設置されているので、鏡を見ながら歯磨きをすることも。

あるソファで読めば、一冊ずつ出して集中して読むことができます。

ちなみにすべてのベンチは動かないように床に固定しています。転倒の危険を避けることもできますし、ぐらつくことがないので落ち着いて自分がしていることに集中できます。釘などで固定をするわけではなく、市販の家具固定用のシールを活用しています。

たかがベンチ、されどベンチ。ベンチ1つ置くだけで、大人が関わりやすくなり、子どもも自立しやすくなるので、本当に助かっています。おうちの中の子どもの様子を見て適切な場所に置いてあげてくださいね。

おまるの隣のベンチの近くには、トイレを失敗してしまったときに脱いだパンツやズボンを入れるバケツがP86のように常時置いてあります。ここまでセットしておくと、排泄をしたときと、その後の流れがに理解できるので、子どもが自分ですべてやるようになります。

環境作り編

おうちでモンテッソーリに取り組みたいという保護者の方から、
「環境作り」について寄せられたご質問にお答えします。

Question 1

家の片付けが苦手で散らかっています……。
やはり整ったきれいなおうちで
育ててあげた方がいいですよね？

Answer

**整った家が
子どもの思考力を育てます**

物が分類され、いつも同じ場所にあることで、子どもは安心・集中して遊び、思考を深めます。まずは普段使うものだけを決まった場所に収納しましょう。なくてもいいものは一度押し入れへ。

Question 2

添い寝の寝かしつけをやめて、
自分で寝るようにしたいです。
移行方法を教えてください。

Answer

**接触部分を
少しずつ減らす**

まずは、そばで座っているだけでも寝られるように。次に少し離れたところで見守る、ドアの前でバイバイしてもOKになるという段階が必要です。様子を見ながら徐々に距離を作っていきましょう。

Question 3

兄弟姉妹が多いので
それぞれに合わせた環境を
準備するのが難しいです。
どうしたらよいですか？

Answer

基本は下の子に合わせる

生活面や安全面を考えると下の子に合わせるのがおすすめです。とはいえ上の子たちの遊びも守ってあげるため、場合によって上の子は高いテーブルで遊ぶなど、活動場所を分けましょう。

Chapter

3

ルーティンがあれば子どもは安心して動く

ここでは子どもの先を見通す力を育むための
ルーティンとルールについてお伝えします。
子どもが今やるべきこと、
次にやることを見通せるようになれば、
毎日の育児がぐっと楽になります。

子どもが先を見通せるようになる！ルーティンのすすめ

我が家には、日々のルーティンがあります。そうと聞くと面倒くさそうに思うかもしれませんが、子どもは安心して過ごすことができるのです。

我が家では朝ご飯を食べ終わったら、手を洗って体温を測ってリュックの中身を確認してから遊ぶというルーティンがあります。ですから手を洗っていないのに、先に好きな遊びはできません。一見、子どもをしばっているように思うかもしれませんが、決まっていないと「リュックが出しっぱなしよ」「手を洗っていないよ」と大人が口うるさく言う原因になったり、結局大人が全部やってしまい子どもに身支度の習慣や手洗いの習慣が身につかなくなってしまいます。また、子どももいつも指摘されてばかりで嫌になり、自分はできないんだと思ってしまうかもしれません。

ルーティンで大切なことは時間ではなく順序です。朝7時にご飯を食べ始める時もあれば8時の時もあります。ですが、前述したご飯を食べてから遊ぶまでの流れは絶対に変わりません。ルーティンが決まっていると習慣化し、親の声かけも減らすことができます。そして、子どもは次に何をすればいいかわかっているのであっという間に終わります。もちろん、はじめは時間がかかるかもしれませんが、丁寧に伝えていけば、子どもも大人も後々楽になります。

もしルーティンがないと、「先に遊びたい」「昨日は先に遊べたのに」「なんで今日はダメなの？」と、子どもと争いになってしまいます。やることが決まっていて、崩れることがないこと、例外はないこと。これが子どもも大人も安心して過ごせる理由なのです。とはいえ、そのルーティンを習慣化するまでがひと苦労だったり、どうすればいいのかわからない方もいらっしゃると思いますので、私が実践している方法をお伝えします。

①事前にアナウンスする

よく聞くのが、「朝起きると真っ先に遊び始めてしまうんです」というお悩み。遊び始めてしまうと、子どもはなかなか言うことを聞いてくれないので大変ですよね。なので、朝起きたら、寝室からリビングに移動するときなど、遊んでしまう前に、「起きたらまずパジャマを脱いで着替えるんだよね」とルーティンを伝えることでスムーズに行うことができます。家に帰るときも、玄関の前で、「おうちに入ったら、靴を脱いで、帽子をかけて手を洗うんだよね」と子どもにアナウンスしています。

②一緒にやる

着替え始めたはいいものの、なかなか進まない、遊びが気になってしまうということもあるかもしれません。そんなときは「着替え」に気持ちが向かうように一緒にやります。大人も同じタイミングで着替えてもいいですし、子どもの着替えられない部分を手伝ってあげるのでもいいです。着替えは身体の発達的にはできるのに、心の発達的に「お母さんやって〜」「できない〜」と甘えることもしばしばあります。そんなときは受け入れてあげています。

また、事前に伝えていたにもかかわらず「遊び始めてしまった」という場合もありますよね。そんなときは、「遊ぶ前に着替えるんだったよね。一緒に着替えようか」と手をつないで着替えの場所へ連れて行きます。これが不思議なもので、「おいでおいで」といくら言っても来ないのに、そばに行って「一緒に手をつないで行こう」と言うと、来てくれることが多いです。何かをしてほしいときには、ぜひ大人の方が腰をあげてお迎えに行ってあげてください。

③内容を伝える

ルーティンを伝えるとき、やってほしいことすべて伝えます。たとえば、「着替えるよ」ではなく、「パジャマを脱ぐよ。脱いだパジャマはバケツに入れるよ。新しい洋服を選ぶよ。選んだ服を着るよ」という具合です。「着替えるよ」だけでは、着替えはできてたけれど脱いだパジャマは散らかりっぱなしに。きらんと伝えることで注意をしないで済みます。

④子どもに聞いてみる

ルーティンに慣れてきたら、「朝起きたらどうするんだっけ？」「パジャマを脱いだらどうするんだっけ？」など、事前に聞いてみましょう。すると「えっと、まず着替える！」などと自分で口にすることで、取り組むことが楽しくなります。子どもも宣言すると「よーし、やるぞ」という気持ちになりやすいのでおすすめです。

⑤環境を整える

ルーティンを定着させるには、子どもにとって使いやすい環境作りが必要です。たとえば、着替えはあっちから取ってきて、脱いだパジャマはそっちに持って行ってという風に、動くことが多いとその間に気が散る可能性があります。なので、できるだけ、その場で完結するような環境を作るようにしています。

我が家には朝着替えるとき用とお風呂に入るとき用の2箇所、洗濯カゴを設置しています。

⑥子どもに任せる

ルーティンを子どもに伝えていると、その子のやりやすいルーティンが見えてきます。たとえば朝、パジャマを脱いで先に着替えてから脱いだパジャマを洗濯カゴに入れても、脱いだらまず洗濯カゴに入れて後から着替えても、どちらでもいいですよね。着替えができているのであれば、子どもにとってやりやすいルーティンに変更しても大丈夫です。大人のイメージした順序を押し付けないようにしましょう。

みなさんもルーティンを取り入れたくなりましたか？　ルーティンがあると、いつもガミガミ怒ってばかりということがなくなります。また、子どもが自分でできるようになっていくので一石二鳥。生活で必要なことはルーティンにして、子どもが自分でできるように手伝ってあげましょう！

日々のルーティンはどう作る？　どうやる？　我が家の場合

ルーティンについてP98からお話ししてきましたが、大人が作ったルーティンを押しつけるのではなく、子どもの自立をうながすには子どもに考え選択させることが大切です。

子どもにも、「こっちの方がやりやすい」「こっちからやりたい」など得意なことがあります。自分で考えて話せる子なら相談して決めてもいいですし、決まらなければ「試しに明日はこうしてみようか！」と実際にやりながら決めていくのがおすすめです。子どもが小さくてまだ自分の気持ちをうまく表現できない場合は、大人が子どもの姿や傾向を観察してルーティンを作っていきましょう。ルーティンでうまくいかない部分、なかなか定着しない部分は、もしかしたら順番を変えた方がいいかもしれません。

たとえば、これまでは帰ったら先にお風呂に入っていたけれど、先にご飯にした方が、お腹が満たされることでお風呂後の着替えがスムーズになるという場合もあるでしょう。ルーティンに正解はありません。**子どもは目まぐるしく成長し続ける存在なので、成長とともに変化させていく**のが一番です。

また、単発のイベントや旅行など、ルーティン通りにいかないこともあります。このようなルーティンの変化に敏感な子もいれば、そうでない子もいますよね。さらに前はルーティンが変わっても平気だったけど、少し成長したら無理になったといった場合も……。ルーティンへのこだわりは、子どもの性質や成長によっても変わるので、よく観察してみてください。傾向としては0〜3歳は秩序に敏感な時期なので、ルーティンへのこだわりが強く出る場合があります。

3歳以降になってもルーティンへのこだわりがあるようなら、その子の性質として変化に対して敏感なタイプなのかも。ちなみに私の長男は、わりと変化に敏感なタイプなので、臨時のときや、計画を急遽変更するときなどは、事前に何度も説明するようにしています。

我が家のルーティン

ここで我が家のルーティンをご紹介します。5歳の長男は、平日（週5日）モンテッソーリ園に通っています。2歳の次男は、平日3日間モンテッソーリ園の小さな子が行くクラスに通っています。0歳の三男は、自宅保育です。夫はフリーランスなので、家にいたりいなかったり。私は事務所があるのですが、基本は家で仕事をすることが多いです。会社員の方からしたらかなり特殊かもしれませんが、少しでもヒントになればうれしいです。

ルーティンは、**家の間取りや家具の配置、子どもの性質・人数などで、何からするか、どういう順番がやりやすいかが決まってきます**。もし、ルーティンで困ることが出てきたら、家具の配置や物の置き場が生活に合っていない可能性も。この場合、ルーティンがスムーズにできる場所に変えてみましょう。

それぞれやることには時間をかけてもいいのですが、ただ、終わりの時間はだいたい決まっていますよね。何時に家を出ないといけないとか、何時に寝ないといけないなど。これは、社会で暮らす上でも、健康な成長のためにも、必要な決められた時間なので、子どもにも意識をしてもらうように毎日繰り返し伝えています。もし時間に間に合わないようなら「自分で急げる？　手伝おうか？」と聞いてからお手伝いをしています。みなさんのご家庭や暮らし方に合った、オリジナルを作ってくださいね。

次のページから我が家の具体的なルーティンをご紹介します。

ルーティン変更はOK。大人都合での変更はNG

残業や買い物時間がかかってしまったなど、突発的な出来事でルーティンを変更しなくてはいけない場合もあるでしょう。
我が家はいつも入浴してから夕飯という流れなのですが、帰る時間が遅くなって子どもたちのお腹が空きすぎているときは逆転します。そんな場合は、帰ったら手を洗って、先に夕食を食べてからお風呂に入る順番に変更することを子どもに伝えて了解を得ています。ルーティンは絶対ではないと先にもお伝えしましたが、だからと言って大人の都合で勝手に変えていいものではなく、子どもとの共通理解が必要です。ですから子どもに提案をした上で、承諾を得たら変更しています。

我が家のルーティン（平日）

平日はできるだけいつも同じ生活を送れるように

平日は〝ルーティンのベース〟になります。ルーティンが身につくと、生活リズムが整い、さらに子どもは次に何をするのかがわかるようになってきます。すると、いつになったら遊べるのかと予測できるようになるので、「まだ遊びたい」なんて駄々をこねることはありません。なぜなら「あとでまた遊べる」ことも、「今は遊ぶ時間ではない」こともわかっているからです。

また、平日のルーティンは、毎日の生活だからこそあえて楽しく過ごすように心がけています。朝食は何を食べるか子どもと決めたり、子どもが選んだ洋服にコメントしたり、夕食時はその日の様子などを積極的に聞いています。

【朝】
起床→リビングで着替える→朝食を食べる→顔と手を洗う→体温を測る→園へ行く準備→遊び→家を出る
【帰宅時】
帰宅→帽子を掛けリュックを下ろす→手洗い→お弁当をキッチンへ→入浴→着替え→遊び→夕飯
【夕飯時】
片付け→料理or配膳を手伝う→夕食→パジャマに着替え→歯磨き→ソファで絵本→片付けと洗濯→トイレ→就寝

我が家のルーティン（休日）

休日の予定はカレンダーを活用して子どもの気持ちも整理

休日は平日とほとんど変わらないルーティンですが、子どもにとっては自由時間が長いのでとてもうれしいですよね。平日のうちに不完全燃焼だった遊びがあると、「今度のお休みはこれをやりたかったんだ」と熱中してやる姿が見られます。

休日に予定を入れる場合は、決まった時点で子どもにも知らせて、カレンダーに書き込むようにしています。「あれがしたかったのに」という子どもの大切な気持ちを壊してしまわないように、「土曜日は予定があるけれど、日曜日に遊べるね」とか「おうちに帰ってきてからやろう」など、子どもと相談をすることが大切です。

【朝】
起床→リビングで着替える→朝食を食べる→顔と手洗い→自由
【帰宅時】
16時前なら／帰宅→手洗い→自由→入浴→着替え→夕飯
16時以降なら／帰宅→入浴→着替え→自由→夕飯
【夕飯時】
片付け→料理or配膳を手伝う→夕食→パジャマに着替え→歯磨き→ソファで絵本→片付けと洗濯→トイレ→就寝

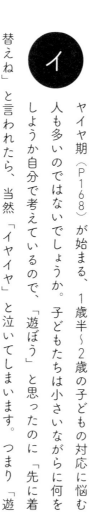

先が見通せたらイヤイヤ期も楽になる!?

イヤイヤ期（P168）が始まる、1歳半～2歳の子どもの対応に悩む人も多いのではないでしょうか。子どもたちは小さいながらに何をしようか自分で考えているので、「遊ぼう」と思ったのに「先に着替えね」と言われたら、当然「イヤイヤ」と泣いてしまいます。つまり「遊びたい」から「着替えをしたくない」という状態ですね。

そんなとき、私たち親はなんとか早く泣きやんでほしいので「じゃあ、このパズルしたら着替える?」などと子どもの好きなことで誘って、着替えをさせようとしてしまいます。ですが、子どもからしたら「泣いたおかげで、パズルできるんだ」ということに……。つまり「泣いたらあなたの好きなことしてもいいですよ」と教えているようなものなのです。すると子どもは、次の日も泣いて訴えるでしょう。

そうならないよう、シンプルに着替えに誘ってあげましょう。ただ、「お着替えしよう」と言っても子どもは簡単に「はい」とは言ってくれません。まずは、子どもにとって一番したいことをしっかり受け止めます。「遊びたかったんだよね」「どれで遊びたかったの？　このパズルがしたかったんだ、そうだよね、楽しそうだもんね！　やりたいね～」と、あなたの気持ちはわかるよと言わんばかりに全力で受け止めます。それから「じゃあ、着替えたら遊ぼう！」と誘うと、不思議と受け入れてくれることが多いです。

子どものやりたい気持ちをしっかり受け止め、**やりたいことがいつできるのかを話せば、安心して嫌がっていたことにも取り組んでくれる**んですね。

もちろん、それでもうまくいかないこともあるので、そんなときはお手伝いをしてあげたり、なぜしないといけないのかなど丁寧に話してあげましょう。

カレンダーを使って子どもにも予定を把握してもらう

毎日のルーティンの他にも、曜日ごとの習い事など子どもにも予定がありますよね。我が家は夫がフリーランスの仕事なので、家にいる日といない日に規則性がありません。「お父さんがいない」と不安にならないためにも、夫が仕事の日はカレンダーに書き込むようにしています。また、子どもが自由に見ることができるように、子どもの目の高さで壁に掛けています。大人が勝手に書き込むのではなく、子どもがいるときに親が目の前で書き込んでいます。

このカレンダーの記入は、長男が2歳くらいからずっと続けていて、毎朝「今日の予定は……」と見る習慣をつけるだけで、**子どももどんどん先を見通すことができるようになっていく**のでとてもおすすめです。「あと3回寝たらキャンプだ！」と週末を楽しみにしたり、「今日は金曜？　じゃあ、明日は土曜だから保育園はお休みだ」と曜日をいつの間にか覚えたり。

カレンダーには、いつもと違う過ごし方になってしまうことを主に書くようにしています。たとえば、行事、午前保育の日、家庭の都合で休む日なども、カレンダーに書き込んでいます。ひらがなで書いたり、漢字の方がわかりやすい場合は、漢字で書いています。夫の仕事の日は、文字で書くと月のほとんどが埋まってしまって見づらくなるので、イラストで描いています。

子どもが書き込むこともちろんあります。2歳の次男が書き込むとぐちゃぐちゃにされてしまうこともありますが、「予定書いてくれたの？　ありがとう〜！　続きは自由帳に書こうね〜」とやんわり誘っています。長男が一生懸命文字を書いているときは黙って見守ります。きれいなカレンダーよりも、子どもが大人の様子を見て「自分も書き込もう」とする、その気持ちが素晴らしいですよね。これから大きくなって、自分のカレンダーに書き込んで予定を管理するようになっていくのかと思うと楽しみです。

ルーティンではなく「子どもを守るルール」も大切にして

ルーティンの他にも、我が家にはたくさんのルールがあります。ルールは一見すると「子どもを縛りつけるもの」「不自由なもの」と思われるかもしれませんが、我が家の**ルールは子どもを守ってくれるもの**。ルールを守らないときには、そんなルールの理由も同時に伝えています。「お箸を運ぶときによそ見をしているとケガしちゃうかもしれないでしょ。あなたを守るためのルールなんだよ」という感じです。

また、よく「子どもがルールを守らないときはどうしたらいいですか？」という質問を受けます。ですが、ルールは守れるようにうながすことが大切なんです。「まだわからないなら仕方ないか」と大人があきらめて許容してしまうと、子どもは「このルールは守らなくていいものなんだ」と学んでしまって、いつまで経っても守れるようにはなりません。では、ルールを守れないときにどう関わるかをお伝えします。

まず共感してから待つ

たとえば、外から帰ってきたときの手洗い。「手を洗わずに遊び始めてしまった」ということを繰り返していたら、一向にルールは身につきません。

おすすめは、まず共感すること。「このおもちゃで遊びたかったの？　見せて、楽しそうだね。でもこれをするには手を洗わないといけないんだよ。遊びたいよね。じゃあ、手を洗ってからこれで遊ぼう」という風に共感しつつ、子どもの気持ちが手を洗う方へ自分から向かうように待ちます。

大人がそう伝えている間に、もし子どもが遊び始めていたら、「手を洗うまでは遊べないよ」と、おもちゃを棚に片付けるなり、机に置くなりします。「手を洗うまでは他のことができない」ことを伝えて、子どもが自分から手洗いに行けるように待ちます。**肯定の言葉を多くするのがポイント**です。

代わりにやる

ルールの中には大人が代わりにやってあげられることがありますよね。子どもが守らないときは、大人が代わりにやってあげてもかまいません。

ただし、黙ってやるのではなく「お母さん、○○ちゃんの代わりにお箸出すね」とか「お父さん、代わりに歯磨き粉つけるよ」という風に、代わりにやっているけど、本当はあなたがやることなんだよ、ということを伝えるようにしています。そうすれば、心が向いたとき、自然とまた自分でやり始めます。

できないように別の場所へ移動

「食器は投げないよ」「ここはのぼらないよ」など、危ないからやめてほしいのにやってしまう場合もあるでしょう。食器など移動できるものなら移動させてやめさせますが、それができないなら、子どもを別の場所へ移動させます。

「ここはのぼらないよ！　あれ、あっちに楽しいおもちゃあるかな？　行こっか」と、やってはいけないことを伝えつつ、違うものに気持ちを切り替えてあげます。経験させないことで、だんだんやらなくなっていきます。

二択で守らせる

子どもの自我が芽生えてくると、なんでも「イヤ」と言われてしまいますよね。子どもは「自分で決めたい」と思っているので、それを逆手にとって、二択を用意して子どもに決めさせてあげましょう。ここでのポイントは、どちらを選んでもいい内容にすること。

たとえばトイレに行きたくないなら「行きたくないよね。じゃあ、お母さんと行く？　それとも一人で行く？」とどちらを選んでも最終的にはやるべきことにたどり着くように。自分で選択したことだからこそ、子どもは自然と身体が動くようになります。

おうちのルールは お外のルール

家庭によっては「家ではやっていいけれど、よそ(外)ではダメ」というルールがありませんか？　たとえばソファからジャンプをして遊ぶなど……。こうなると、子どもにとっては家のルールと外のルールの2パターンを覚えないといけないので大変です。ですから、我が家では家でも外でもルールは変わりません。

大人がルールを破ってしまったら……そのときどうする？

基

本的には、大人がルールを破るのはあってはならないこと。大人がルールを破ると、子どもは「ルールは破っていいものだ」と学んでしまうからです。

子どもの前で車が来ていないからと信号を無視して渡ってしまうのはよくありませんし、「15時以降はおやつを食べたらダメ」と言っているのに、大人が食べているのもよくありません。大人のすることは、すべて子どもにとって学びであるということを忘れずに過ごさないといけないのです。

そうはいっても、ついルールを破ってしまうこともあるでしょう。そんな場合は、**ごまかさずに、誠実に子どもに謝罪すること**。「あっ！　お母さんダメだよね。ごめんなさい」と。こうすることで、子どもも「こうやって謝るんだ」と学べるのです。ただ、いつもルールを破ってその都度謝っていたら、「謝ればルールは破ってもいいんだ」となってしまいますので、ほどほどにしましょう。

また、ルールを破ってしまったとき、新たなルールを付け加えるという方法もあります。たとえば、ケーキは買わないというルールを、「誕生日とかお友だちの家に行くとか、特別なときは買っていいんだよ」など。例外はどんな場合なのか、子どもが自分で判断できるように説明してあげましょう。

ルールは首尾一貫されてこそなので、お母さんは「No」と言うのに、お父さんは「Yes」と言うのもよくありません。**ルールは家庭内の共通事項**として家族みんなで理解しましょう。

ルールを守る力は、将来の生活でも社会に出るときも、絶対に必要な能力です。とはいえ、疲れていたり、お腹が空いたりして守れないこともしばしば。ルールだらけにせずに自由もしっかり確保してあげましょうね。ルールを作ること、守ること、すべて、子どもの基盤になっているんです。

家族みんなで守る大事なルールはどうやって作る？

ルールは、基本的には生活する中で生まれてきます。環境が異なればルールは変わりますし、子どもによってもルールは変わってきます。たとえば、マンションに住んでいたら「家の中では走らない」というルールが生まれそうですよね。また、机にのぼろうとする子なら「机にはのぼらない」というルールができますが、そもそも机にのぼろうとしない子ならそんなルールは必要ありません。

生活する中で、これはルールにした方がいいなと思うものがあれば、意識して言語化していきましょう。つぎに、ルールと自由のバランスも考えましょう。「あれもダメ、これもダメ」と縛られるルールばかりだと子どもは楽しくなくなり、荒れる原因になってしまいます。緊急性の高い、必要なルールから子どもに伝えていきます。
脳の中でもルールを守ることを司る前頭葉は、比較的成長がゆっくりです。子どもの理解を考えると、まずは1つのルールを毎日繰り返して伝えていきましょう。小さいうちから少しずつルールに触れることで、少しずつルールを守れるようになります。反対に、ルールがまったくないといつまで経っても守れるようにはなれません。

子どもが守ることができる**ルールを作る上で大切なのは、大人がきちんと言語化できていること**です。言語化できていないルールは、実は大人の側でも明確に定まっていないことが多く、子どもが守れない原因になってしまいます。そんなときはまずは家族にルールを宣言し、その後、言語化を進めるのがおすすめです。
たとえば「おやつは1個まで」というルールを作ったとしましょう。おやつがどんなものなのか言語化できていないので「おやつって15時に食べる物？食後のデザートはおやつ？」など、たくさんの疑問が出てくると思います。そこで出てきた疑問を言語化していけば、それぞれの家族に合ったルールが完成します。「おやつと食後のデザートは別」とか「おやつを食べすぎると夕飯が食べられなくなるから、みかんも1個だけ」など、より明確なルールになり、子どもも理解できるようになって、守りやすくなるんです。

ルールを明確にするのは面倒と思われるかもしれませんが、**ルールが明確だと、子どもが自分で守れるように**なります。ルールが明確でないと「今日はいいの？　ダメなの？」と子どもはいちいち大人に確認するようになります。ルールを知っているからこそ、自分で判断できるのです。そしてそのことは子どもにとってとてもうれしいことで、「今日は何にしようかな」と自由に選べることになるんです。

一方で、「これって必要なルールかな？」「厳しすぎるかな？」と悩まれることもあると思います。そんなときは、これから挙げる3原則が作ったルールに含まれるか考えてみてください。

- 自分を傷つけない
- 他人を傷つけない
- 物を傷つけない

たとえば「お風呂に入りたくない」と子どもが言っても、お風呂は子どもの健全な成長に必要なことなので、「自分を傷つけない」ために「お風呂は毎日入る」というルールが必要になります。また、下の子が上の子のおもちゃを壊してしまったとき、「他人を傷つけない」というルールに関係するので「壊さないようにね」と伝えてあげるべきです。そして、絵本を投げて遊んでいたら「物を傷つけない」ことを伝えましょう。代わりに投げてよいものを渡してあげられたらいいですね。

このような3原則に当てはまるルールとは、大人になっても守らなければいけないルールであることがほとんどです。もちろん大きくなれば本人次第になっていく部分もありますが、小さいうちはまだ善悪が判断できていないので大人がしっかりと伝えていくことが大切です。

食事のルールと習慣

落ち着いて食事に向かうために大切にしたいこと

食事中遊んでしまうので、追いかけ回して口に入れるという方がいますが、それでは「大人が口に運んであげるからあなたは好きにしていいよ」と伝えるようなものです。食事中は遊ばないというルールは食事に気持ちを向けさせるためには必要なルールです。「食事が終わったら遊ぼうね」なのか、「遊び終わったら食事しようね」なのか、家庭の考えにあわせてルールを決めましょう。ちなみに我が家では、自分で飲み物やコップを取りに行ったり、ご飯にかけるふりかけを取りに行ったりなど、食事に関わる理由であれば自由に動き回っていいことになっています。運動の敏感期にいる子どもたちだからこそ、動きたくなった時に少しなら動けるような工夫があるといいですね。

　また、我が家は家族が座る位置が決まっています。誕生日席から時計回りに、長男、父、次男、ひとつ空けて三男、私です。ポイントは子どもが隣同士になっていないこと。子ども同士が隣になってしまうと、次男が長男のものを食べてしまうなど、トラブルが起きてしまいました。ですから、大人が間に入るようにしています。

　また、我が家では、「全部食べた！」を感じられるようになるべく少なく盛りつけています。そうすることでおかわりができるようにしています。ただし、おかわりはお茶碗やお皿の中身が全部なくなってから。ご飯が残っているのにおかずをおかわりすることはできません。子どもが自分でよそう時は子どもに任せています。「そんなに食べないよ！　そんなに入れない方がいいよ」と思うのですが、自分でよそったときはよく食べるんです。不思議ですよね。

手前左側の次男（2歳）の椅子の背もたれはあえて外しています。寄りかかる癖ができるとお腹に力を入れて姿勢良く座ることができなくなり、成長した時の学習の姿勢にも影響が出てくるからです。

寝室のルールと習慣

寝ることだけに集中できる環境を作る

寝室は、寝る場所であり、遊ぶ場所でもお話しする場所でもありません。寝かしつけが必要なくなった我が家のルールをご紹介します。P76の3つのポイントと併せて実践してみてください。

●明かりを暗くする

前述したように夕飯後には、リビングの照明を間接照明だけにして身体が自然と眠りに向かうようにします。

●寝る前にトイレに行く

実際の排泄はなくてもいいので、寝る前には必ずトイレやおまるに座るようにしています。ルーティン化することで排泄の自立にも◎。

●大人と寝室へ行く
薄暗いと、不安もあるようなので、寝室へは、大人と一緒に向かいます。

●おもちゃや絵本は持っていかない
絵本やおもちゃを持っていきたがることがあるでしょう。しかし、ルールはいつも首尾一貫することで、子どもは守るようになります。なので「寝室は寝る場所だから持っていかないよ」と繰り返し伝えます。

●話さない
言語を習得する時期の子どもたちは、ちょっとした会話も刺激になり目がさめる原因になってしまいます。お話をしてしまう子には、「寝室ではお話しをしないよ。また明日お話をしようね」とルールを徹底します。

●すぐに横になる
寝室に入ってすぐに大人が横になれば子どもも真似をして即、横になるようになっていきます。寝そうにない場合は一度寝室を出て、運動をさせてからまたトライするのがいいですね。

入浴のルールと習慣

モンテッソーリ教育でお風呂は「気持ちがいい」と思える場所にすることを大切にしています。お風呂でなくてもできるおもちゃは置きません。

●洗濯物は洗濯カゴへ

脱いだものを洗濯カゴへ入れるときに、靴下は洗濯ネットに入れてもらっています。このひと手間を子どもに頼むことで大人の家事が楽になります。

●身体を洗ったら湯船に入る

5歳の長男は自分で身体を洗って湯船に入っています。2歳の次男は、「どこから洗う？」「自分で洗う？」と大人が聞きながら洗ってあげています。

●水を出しっぱなしにしない

次男はときどき、水で遊び始めてしまいます。湯船の水で遊ぶのは自由ですが、シャワーや蛇口から出る水で遊ぶのはもったいないですし、生活の中でこういったことは必要な知恵ですから止めるように伝えています。

帰宅時のルールと習慣

すでに帰宅時のルーティンについては説明（P108）しましたが、ここではひとつひとつのルールについて解説します。必ずするのは手を洗うこと。そして排泄がまだ完全には自立していない次男には、まずトイレに行くように声をかけています。手を洗っている最中に、漏らしてしまうことが多いからです。子どもの傾向も踏まえて、習慣化させています。

●手を洗う

家に帰ったらまず手を洗うというのは、いつも徹底して習慣にしたいですね。5歳の長男は「もう洗ったよ」と嘘をつく年齢になってきました。だまそうとしているのではなく、善悪がわかるようになってきた証拠。そんな時は。「早いね〜、石鹸の匂い嗅ぎたいな」と笑顔で言うと、「ちょっと待ってね」と言って急いで洗ってきて嗅がせてくれます。

●トイレに行く

次男は帰宅後すぐトイレに行っています。帰宅はほっとして排泄したくなるタイミングです。トイレットラーニング（トイレトレーニング※）中の方にはおすすめのタイミングです。

●お弁当箱と水筒をキッチンへ出す

出すのを忘れがちなお弁当箱と水筒は、手を洗ったら自分でキッチンに持ってきてもらっています。「お弁当を出しなさい」ではなく、「お弁当、どのくらい食べたかな？」と興味津々に関わると、積極的に出して見せてくれます。

●リュックをしまう

リュックを定位置にしまう際、他に出すものがないか、配布のお手紙はないか、すべてのポケットを子どもと一緒に確認しています。ポケットを確認することを習慣化させることで、小学校へ上がった際に配布されるプリントなどを忘れることなくみずから提出できるようになります。入学後も習慣化できていないようであれば、学校での様子を話しながらお手伝いをしてあげましょう。

※一般的には「トイレトレーニング」といわれていますが、モンテッソーリでは「トイレットラーニング」といいます。親が子どもに排泄を教えるのではなく、子どもが自分で排泄を学んでいくので、ラーニングという言葉が使われています。

遊びのルールと習慣

遊びとお片付けはセット！どちらも大人が大切にしてあげよう

おうちで遊ぶときのルールはとてもシンプル。「出したらしまう」というもの。子どもは、ついあれもこれも一気に出してしまいたくなるかもしれませんが、出したらその都度片付けることで、「今、何が一番やりたかったのか」をちゃんと考えてから始められるようになります。全部出しっぱなしにしていると、本当にやろうと思っている遊びにたどりつけなくなります。また、きちんと片付いていると「まずこれで遊ぼう！」「その次はあれ」と選ぶこと、計画を立てることが上手になるだけでなく「自分はこれがやりたい」という意志を強くすることにもつながります。

おもちゃを棚にギチギチに入れるのではなく、スペースに余裕をもって置くのがコツ。おもちゃをしまう場所を子どもが認識できます。

●出したらしまう

ほとんどの親が、子どもに片付けを押し付けがちです。遊びに関することなら「やって」と子どもが言えば大人は「どれどれ」と快くやってくれます。でも片付けだと「やって」と言うと「自分で片付けなさい」と言いがちです。大人が押し付ければ、子どもも人に押し付けようとします。ですから、大人が率先して片付けをしましょう。「一緒に片付けよう」「代わりに片付けるよ」など、思いやりのある関わりが大切です。

●一個ずつ遊ぶ

子どもはおもちゃをいくつも出したがります。そんなときは「１つずつやろうね、まずどっちやりたいの？」と話をして、ひとつずつ遊べるように促します。あれこれやりたい気持ちはわかりますが、両方中途半端に終わってしまうかもしれません。落ち着いて遊べるように、順序立てるお手伝いをしてあげましょう。なお、遊びをいつ終わらせるかは子どもの自由なので、最後までやらせようと強制しないようにしましょう。

●完成品ともう終わったものは「作品箱」へ

お絵描きや工作など、完成品が散らばっていませんか？　我が家では途中のものを入れる箱と、完成品を入れる箱を作っています。園で作ったものも、その箱に入れて、たまったら絨毯に全部出して、保存する作品と捨てる作品に分けます。はじめは大人が一緒に「これはいる？　いらない？」と聞いてあげましょう。

●机か絨毯の上で遊ぶ

モンテッソーリ教育では子ども机か小さな絨毯の上で活動をします。どちらも遊ぶ範囲の枠組みができるので、自分の遊びを管理できるようになるんです。

たとえば、床で遊んだら枠がないので広げ放題になります。しかし絨毯があれば、絨毯から落ちないように絨毯のどのあたりで遊ぼうか考えて自分で管理し始めます。それぞれのテリトリーが明確なので、きょうだい間の争いの心配もなくなります。

外出時のルールと習慣

大人と同じように出かける準備をする

あなたが外出するとき、どんなことに気をつけますか？　行き先を事前に調べ、どうやって行くか確認し、持ち物をそろえて、身だしなみを整えて時間になったら出かけますね。子どもにも、これらすべてを体験させてあげましょう。一緒にしらべたり、持ち物を一緒に用意したり、何を着るか決めたりすることで、子どもはみずから準備をするようになります。長男が4歳のとき、京都旅行に行く準備を家族でしていたら「神社があるかもしれないからこれ持っていくんだ～」と自分の御朱印帳を本棚から出してリュックに入れていました。自分で準備をすることで、外出も主体的に楽しめます。

●自分のリュックを準備する

マザーズバッグなんて言葉があるくらいですから、子どもの荷物は親が持つのが当たり前とみなさん思っているかもしれません。モンテッソーリ園では、どんなに小さい子どもでも自分のリュックを持っています。おもちゃを入れるためではありません。自分の着替えやティッシュ、ハンカチなどが入っているんです。物の管理は、一緒にやっていれば自然とできるようになります。子どものリュックを用意して、「ここに着替えがあるよ」と伝えながら出していれば、それが見本になり自然と自分で出して着替えるようになるんです。

●外出先のルールなどは事前に伝える

どこへ行くのかわかっていると、子どもも心の準備ができます。たとえば予防接種に行くときは、病院では静かに待つなどのルールや、なぜ注射が必要なのかなど、事前に丁寧に説明します。何が起こるのかわからないというのは誰であってもとても怖いことです。怖い体験は消極的になる原因になるので、安心させてあげるために事前に話をするようにしています。

「おでかけ用必須アイテム」はいつもとは違う特別なものを

外出時って、ちょっと時間ができてしまうことがよくありますよね。移動中の電車の中とか、レストランで注文した後の待ち時間や、大人がゆっくり食べているとき、病院の待合室など、子どもが手持ち無沙汰になってしまい、退屈で騒ぎ出すと結構困りますよね。

我が家では、外出先用に「おでかけおもちゃセット」を作っていて、外出時には必ず持っていくようにしています。中には何を入れてもいいのですが、発達に合わせて集中できるもの、静かに過ごせるものを用意しています。

1〜6歳で共通しておすすめなのは絵本。基本的におでかけ用の絵本は普段読んでいないものを持っていくのですが、普段読んでいるものでも、おでかけ先に関係のあるものはプラスで持っていくようにしています。
たとえば、電車に乗るならその電車の絵本、海に行くなら船や魚の絵本など。関連のあるものを持っていくと、絵本にも、実物にも興味を持ってどちらも深く観察し、集中も続くのでおすすめです。きょうだいがいる場合はケンカをしないように同じジャンルを2冊持っていってもいいですね。

また、ちょっとしたおもちゃは集中用として持っていきます。0歳だったら、カサカサ音が鳴るおもちゃだったり、いろいろな素材の歯固めがついているラトルのようなものだと、じっと集中してくれます。2歳の次男は車の紐通しやパズル、5歳の長男は折り紙など。次男が1歳くらいのときは、小さな貯金箱のポットン落としや、プッシュポップ、ミニカー。長男が3歳くらいのときは、100円均一で買ったシールブックやマグタブ、4歳くらいのときは迷路や塗り絵、スクラッチアートとかでした。ただ、年齢は目安です。お子さんの発達に合いそうなものをこっそり用意してみてください。
ちなみに絵本もおもちゃも**外出用のものは子どもの目の届かない部屋に**隠しているので、普段は見たり遊んだりできません。こうすると、遊び飽きたり、見飽きてしまうことはなく、新鮮で集中してくれるのでおすすめです。

ルーティン・ルール編

「ルーティン」や「ルール」は大切なことだけれど、
なかなか子どもに上手に伝えられない……。
そんな保護者の方のご質問にお答えします。

Question 1

歯磨きや手洗いをしない・脱ぎ着しない・寝ない……。こんな時は生活リズムを守るのと、できるまで待つのとどっちが大事ですか？

Answer
生活リズムが大事です

ルーティンが定着していないのであれば、「次はこれだよ」と伝えていかなければいけません。子どもがルーティンとして次にすることがわかっていなければ、いくら待っていても何もできません。

Question 2

すきあらば冷蔵庫を開けてつまみ食いしてしまうのが悩みです。
（探索を遮るようなのでロックはかけていません）

Answer
ルールの明示はしっかりと

「3食のとき以外は食べたらダメ?」「お皿に盛れば食べていい?」など食事やおやつのルールを明確にして、何度も伝えましょう。そのうち子どもも「こういう時は冷蔵庫を開けて食べるのはダメ」と理解できるようになります。

Question 3

あまのじゃくな3歳児。「やりたい」「やりたくない」を繰り返し、らちがあきません……

Answer
子どもに任せる

遊びに関しての「やりたい」「やりたくない」は「好きにしていいよ」と子どもに任せましょう。やらなければいけないことは「やらなくてはいけないよ」と伝えましょう。

Chapter

4

大人が子どもに
してあげて
いることを
手放してみよう

モンテッソーリ教育をするためには
実は親の心がまえも大切です。
「まだまだできないから」
「親がやったほうが早いから」
そんな気持ちをのみ込んで、
子どもが自分でできるようになる
仕組み作りをしましょう。

大人がやった方が早くても……子どもの自立のためにはあえて挑戦を！

子

育てに、家事、仕事……。世のお母さん、お父さんは本当に忙しいですよね。ついつい、大人がやった方が早いからとなんでもやってあげがちです。すると「洋服を着るのは自分がやることじゃない、お母さんがやることなんだ」「お父さんがやった方が早いもん」と子どもの心は他人まかせになってしまいます。何をするにも、「誰かにやってもらえばいい」「自分でやるのは面倒」、そんな心だと、大きくなって学習面でも「めんどくさいな」とイヤイヤすることになってしまいます。

「自分でできるって楽しい」と思える心は、将来の知的好奇心の積極性につながっていくので、ぜひ大切にしてほしいことなんです。

ただ、「自立」とひと言で言ってもみなさんピンとこなかったり、「うちはまだ1歳だから関係ないわ」なんて思ってしまっていたりするかもしれません。

いいえ！　子どもは○歳になったから突然自立するのではなく、**0歳からちょっとずつ自立していく**んです。

たとえば、ズリバイができるようになったら、動くという自立をしたということ。ですから抱っこで移動しないで、「こっちにおいで」と呼んであげればいいんです。ボタンが押せるようになったら、お風呂を沸かすときや、朝起きたときに電気のボタンを押してもらうことができます。引っ張ることができるようになったら、朝や夕方カーテンを開けたり閉めたりしてもらえます。握って引っ張るができるなら、洋服を着たりズボンを穿いたりするときに自分ですそを引っ張ることができます。ハイハイができるようになると階段だってよじのぼれるわけですし、歩けるようになったら、食事の前に自分のスプーンを運ぶことだってできます。

子どもの自立は、毎日のことなので、親はつい見逃してしまうのですが、子どもにとっては「こんなことができるようになった」「自分はこんなにすごいんだ」とメキメキと自信をつけていくできごとなのです。

とはいえ、ここで注意していただきたいのが、「身体の発達的にできるようになっても、心の発達的にやりたがらない場合がある」ということです。「やりたくない」「まだできない」「こわい」……、そんな心の場合には、無理やりやらせると逆効果になってしまいます。子どもが自分から「やりたい」と思えるように「大丈夫だよ、じゃあ一緒にやってみよう」と励ましながら自立の後押しをしてあげましょう。

子どもの自立よりも効率を重視して大人がやってしまうと、子どもの心が育ちません。子どもがやると時間がかかりますが「やりたい」という心の発達と**身体の発達が一致したときにはぜひ大人は待ってあげましょう**。意外とその間に大人は自分のことができますし、子どもは自立に向かっていきます。そう、実は子どもの自立を手助けすることは、子どもにとっても大人にとってもいいことずくめなのです。

今、あなたが当たり前にやっている子どもへのお手伝いを意識してみましょう。「それは子どもが自分でできること」ではありませんか？　もしくは「全部ではなく、ちょっとのお手伝いでできること」ではないですか？　子どもを抱えて椅子に乗せていたり、着せたり履かせたり、お菓子の袋を開けてあげたり、代わりに伝えてあげたり、折り紙を折ってあげたり……。私たち親の役割は、こんなふうになんでもやってあげることではなく、やり方を教えてあげて、ときにやって見せてあげて、子どもが一人でできるように手伝ってあげることなのです。

自分で着替えられる洋服を選ぶことが自立の一歩

着

脱がまだ自立していない子（つまり自分で洋服を着たり脱いだりが自由にできない子）にとって、洋服はまさに教材です。伸縮性のある服、ウエストがゴムのものが、自分で着やすい服なので、まずは、子どもが自分で着られそうな服を選んで用意してあげましょう。

また、子どもが大好きな電車やプリンセスなどの絵柄がある服だと、いざ洋服を着ようとしたときに「この電車ね？」などとお話が始まってしまい、なかなか着てくれない原因になってしまうこともあります。自分で着られないうちは大人がついていないといけないので、「しゃべってないで着ようよ」と言いたくなってしまうかもしれません。小さいうちは、**あえてシンプルな洋服を**

選ぶことで、子どもが「洋服を着る」ということに集中できるのでおすすめです。

自分で着られるということは、大人が楽になるだけでなく、子どもにとって大きな喜びになり、自分はできるんだという精神的な自立にもつながります。まずは洋服選びから始めてみてください。ただ、だいたい2～3歳で自分で着られるようになるのですが、おうちでは「やって～」と甘える子がほとんどです。心の成長はゆっくりゆっくり進んでいくので、子どもが「やって～」と甘えたときには快く受け入れつつ、「じゃあ、一緒にやろう」と心のお手伝いをしてあげてくださいね。身体が自立して、心も自立して、4～5歳でやっと一人でできるようになっていきます。

普段着の選び方

普段着は、シンプルな無地の服を選びましょう。着脱が自立してきたら柄があってもOKです。その日何を着るか子どもが自分で選ぶことが大切です。ですから、同じ服を何枚も用意してしまうと、子どもが自分で選択することができません。「朝、洋服を選ぶ」ということは、決断力を養うことにつながります。子どもが自分で選ぶからこそ「昨日は寒かったから今日は長袖にしよう」という工夫が生まれます。しかし、大人がいつも選んでいたら「なんか寒いな」とは思っても自分で工夫をしたことがないので管理ができないのです。帰宅後「寒かった」と言えればいい方で、子どもによっては寒いことを親にも言えずそのままになってしまいます。我が家では自分で選べるように、シンプルな無地の服だけれど、いろいろな色を用意しています。

無地のいいところは、後から自分オリジナルのTシャツに加工できるところです。穴があいたり、シミができたりしたところには、子どもが自分でミニアイロンを使ってお気に入りのアップリケをつけることができます。白いTシャツなら玉ねぎの皮で染めることもできます。修復したら長く使えることも、自分オリジナルのお気に入りの1枚になることも、子どもはとっても楽しいのでおすすめです。

赤ちゃんにも2ピースを

赤ちゃんの服といえば、股下までつながっているロンパースタイプを想像する方が多いのではないでしょうか。確かに、まだ自分で移動できない時期までは、ロンパースタイプが着せやすいですね。

ですが、自分でズリバイやハイハイをし始めたら、2ピースがおすすめです。なぜかというと「服を着る」ということを自然と身につけられるからです。ズリバイやハイハイで移動をし始めたということは、自分で手足をコントロールして動かせているということです。洋服を着るときには、頭や手を通すし、ズボンも足を通します。**洋服を大人と同じ2ピースにするだけで、子どもが自然と洋服を着るように手足を動かす**ようになります。ぜひみなさんにもこの感動を味わっていただきたいので、やってみてください。

洋服を着るとき、頭を通して、右手を通して、左手を通して洋服のすそを下げてあげますよね。ズボンなら、右足を通して、左足を通して、ウエストのゴムを持っておしりまで上げるはず。すごくシンプルなこの動きを、朝起きてパジャマから着替えるときも、おむつ替えのときも、お風呂上がりも、1日に何回もやってあげることで、子どもの身体が覚えてくれます。

そして、あるとき、洋服を着せようとして頭を入れたら、腕を通すことを覚えた子どもが、自分ですーっと手を入れてくれるんです。ズボンを穿かせようとしたら自分で足をあげて入れようとしてくれるんです。「お母さん、いつも着せてくれてありがとう。自分でできるところは手伝うよ」と、まるで子どもの身体がそう言ってくれているようでした。あの感動は今でも覚えています。

発達によって替えるパジャマ

パジャマは、0歳から着用します。生まれたばかりは、まだ昼も夜も寝たり起きたりを繰り返していますが、早くて数週間、どんなに長くても1年くらいで、睡眠のリズムがついて夜長く寝るようになっていきます。そうなったら、パジャマを用意してあげて、「これを着たら寝るんだ」と感じさせてあげることで、より睡眠のリズムを後押しすることができます。

まだ自分で動けないうちはロンパースでOK。ズリバイやハイハイなど、動き始め～着脱が自立していないうちは、かぶって着る2ピースのパジャマにしましょう。お腹が冷えるのが心配なら腹巻きもおすすめです。

そしてお子さんにもよりますが、早くてだいたい2～3歳くらいになると指先が発達してくるので、ボタンつきのパジャマを用意しましょう。用意してまずはやって見せてあげることから始めます。今まで通り、かぶるタイプのパジャマも用意しておけば、かぶるタイプか、ボタンつきパジャマか子どもが自分で選ぶことができます。子どもの自分でやりたいというタイミングを逃さないようにする環境作りの1つです。

「わざわざボタンにしなくても」と思うかもしれませんが、**子どもはレベルアップできることがうれしい**んです。人間は、子どもも大人もみんな向上心を持っています。生活の中で、いつでもレベルアップできるように準備してあげることで、子どもは自分のタイミングでみずから成長していくもの。ここでポイントなのは、自分のタイミングなので「やりたい心」がしっかり育っているということ。自分の意思だからこそ忍耐強く取り組めます。そして「できた」を感じられるので自信にもなります。ちなみに、我が家の5歳の長男は、ボタンのパジャマが着られるようになったので、夏は甚平を用意したところ、蝶結びができるようになりました。

布おむつでトイトレが楽になる

一般的に売られているものは紙おむつがほとんどで、ポリマーがおしっこを吸ってくれるタイプ。一方、布おむつとは、防水の布おむつカバーと、おしっこを吸う布を組み合わせて使う物。「意識高い人が使う物だよね」「めんどくさそう」と思いますか？　実は私もその一人でした。実際、長男は紙おむつで育てました。しかし、布おむつは布が濡れることで排泄の自立のサポートにもなると知り次男は布おむつに挑戦したんです。

結論から言うと、布おむつは精神的に楽です！　その理由は、トイレトレーニングがスムーズだから。紙おむつはおしっこがためられるのでおむつ替えの回数が少ないし、サラサラ加工なのでおしっこが出ても「出た」感覚がなく子どもが気づきません。だから、トイレトレーニングのときに、お漏らしをするたび着替えを面倒がったり、「出た」がわからないので「＝着替えよう」ではなく、「なんだこれ？」からスタートするんです。

でも、布おむつで過ごしていると、「出た」感覚がわかりやすく泣いて教えてくれます。その度におむつ替えをするので「濡れたら着替える」のが当たり前になるんです。だからもちろん、おまるへ行くことも着替えることも嫌がらず、びっくりするくらい自然と、おまるやトイレで排泄するようになっていきます。

たしかに、布おむつは洗うのが面倒ですが、便利なつけおき洗剤などもあるので、ものぐさな私でも続けられています。トイレを嫌がらない子育てにぜひ挑戦してみてください！

大きめのボタンのパジャマなら、ボタンに挑戦し始めたばかりの子でもとめやすく、「できた！」を実感しやすいです。

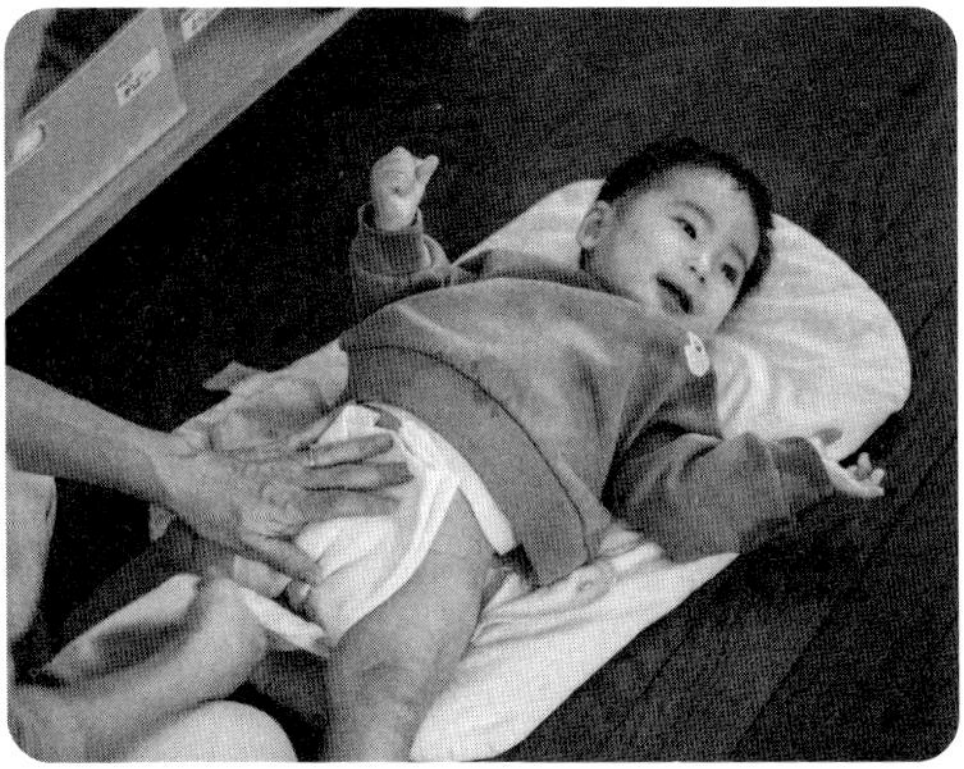

汚れたおむつは一旦ふたつきのバケツに入れて、少しまとまった枚数になってから洗っています。慣れてしまえば、いつもの洗濯の量が少し増えたなというくらいです。

「これが着たい！」子どもの洋服のこだわりへの対応

おでかけ用のかわいい子ども服ってありますよね。子どもが気に入ってくれるのはうれしいけれど、そんなおしゃれ着を「公園に着ていきたい」と言われたら「え！　汚れちゃうからダメ」と言いたくなってしまうと思います。

洋服を自分で選ぶことが決断力につながることはすでにお伝えした通りですが、もう一つ大切なこととして、**洋服選びが自己表現にもつながる**ということがあります。だからこそ、子どもの「これが着たい」という心は大切にしてあげたいのですが、大人としてはＴＰＯも学んでほしいところ。子どもが好きな服を選んでもいいけれど、だからと言って公園にはおでかけ用の服は選んでほしくないわけです。ですから、**選択肢を大人が管理してあげましょう。**

まず、子どもが選ぶタンスの中には、選んでいい服だけを入れます。つまり、見えるところには普段着だけで、おでかけ用のおしゃれな服は、普段は選べないように見えないところへしまいましょう。

子どもが大きくなってくると、おでかけ着の収納場所を覚えて「これが着たい」とわざわざ探し当ててくるかもしれませんが、そのときこそTPOを伝えるチャンスです。「ここにあるのは結婚式とか、発表会とか、特別なときに着る服だから普通の日には着ないんだよ」と教えてあげましょう。

「ほら、お母さんも特別な服があるんだよ。普段はお母さんも着ていないでしょ」と大人のおでかけ着を見せてあげるのも効果的です。明確なルールがあれば子どもでも理解できますし、理解できることは自己コントロールにもつながります。

おでかけ着に限らず、長靴やレインコートなどの雨具もそうですね。どんなときに使うのか、しっかりと教えてあげましょう。

自由に動いて時々ぶつかって……自分の身体で覚えていく

私たちは、「ここまでが自分の身体」という感覚＝身体像というものを持っています。たとえば、先日息子たちとブランコをしたのですが、「私のおしりはぎりぎり入るかな？」と思って座ってみたら思っていたよりもお尻が大きくてブランコに座れませんでした（笑）。私の頭が思い描いている自分自身の身体像と、実際の大きさが違っていたんですね。

身体像は自分自身が動くことによって獲得されていきます。そして、成長したり、痩せたり、太ったりと身体の大きさが変化するたびに学び直さないといけません。生まれたばかりの子どもも、何度も抱っこしてもらうことで、自分の身体を感じていきます。また、赤ちゃんの周囲に壁に貼れるミラーシートや小さな鏡を用意してあげると、自分の身体がどう動いているか見て学びます。ズリバイやハイハイなど動き回りながら、棚の中や机の下へ入りこんで自分の身体の大きさと空間を感じて学んでいきます。大きくなってたくさん動き回ることも、ちょっとぶつかることも、自分の身体像を作る上で必要なことです。

また、おむつ替えやお風呂で身体を洗うときに、触るところを言ってあげることでも身体感覚の形成を手助けできます。「ズボン穿くよ、右足から入れるよ～」とか「シャワー頭にかけるよ、あったかいね～」など。「頭」という言葉と「頭」で実際に感じる感覚がリンクして、「ここがぼくの頭だ」と学んでいくのです。

自分の身体を知ることは、自分の身体を自由に動かすことにもつながりますし、自分の身体を管理することにもつながります。それがひいてはスポーツや運転などにもつながるわけですね。

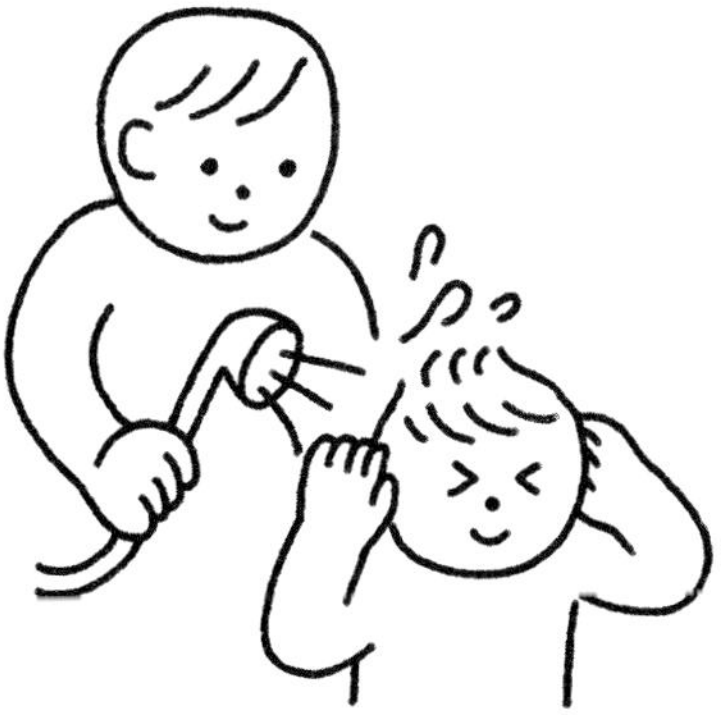

自分と他人の身体を大切に！プライベートゾーンを生活の中で語る

我が家では、プライベートゾーンの話を子どもと積極的にしています。たとえば、お風呂ではプライベートゾーンの洗い方、トイレのときには排泄の仕方や拭き方、「おかしいな、痛いな」と思ったら大人に相談すること、これからどうなっていくか（大人みたいに毛が生えてくるなど）、また、お母さんが生理のときは女性の生理の話など。

見通せないことは子どもにとって不安でイヤなことになってしまいますが、「いつかそうなるものだ」と小さいうちから知っていれば、身体の変化、そして性にまつわることが当たり前のこととして受け入れられるようになります。

自分の身体を知ること、そして自分の身体は自分のもので、触られてイヤな時

は「イヤだ」と伝えられることはとても大切なことなので、私は恥ずかしがらずにプライベートゾーンについて伝えるようにしています。

0歳であれば、おむつ替えのときに「おしりを拭くよ」とか「足をあげるよ」と声をかけながら優しく触れることで、赤ちゃんでもプライベートゾーンは大切な場所なんだと自然に感じていきます。1歳、2歳は自分の性器に興味があったりするので、トイレやお風呂などプライベートな空間では自由に触らせてあげています。また、両親とお風呂に入る機会があれば、男女の性器を自然と学んでいきます。我が家の長男は3歳くらいから羞恥心が芽生え始め、トイレの扉を閉めるようになり、人前で着替えるのも「恥ずかしいから閉めて」と言うようになりました。だからこそ、より一層、子ども自身の大切な身体に触れるときには、許可をとって優しく触れるようにしています。「お薬を身体に塗りたいんだけど、自分でやる?」などのように。

子ども自身が「自分は大切にしてもらっている、自分のプライベートゾーンも大事にしてもらっている」と感じることで、将来「自分も、他人の身体や他人のプライベートゾーンを大切にしよう」と思えるようになります。家庭だからこそ自然と生活の中で伝えられるので、ぜひ参考にしてみてください。

「声かけ」を変えて自分の身体の変化を伝えられる力を育む

子どもが体調を崩すとき、熱が出ていたらわかりやすいのですが、熱が出る前の不調ってなかなか気づけなかったりします。大人なら「なんだかいつもと違う」と自分で対策をしたり、「調子悪いかも」と言葉に出せますが、子どもはそうもいきません。不機嫌になる、よく泣く、甘える、お腹をくだす、ぼーっとする、よく寝るなど、いつもとは違っていて親も確信をもてないことが多いのではないでしょうか。後から熱が出て気がついて「あのときつらかったんだね」と反省することが私もよくあります。

でも、子どもとはいえ他人のこと、なかなかわからないですよね。ならば、私たち親が気をつけるようになるよりも、子どもが自分で言葉に出せたらいいと思いませんか。大きくなって小学校、中学校で気分が悪いのを我慢したり、うまく人に言えなかったりしたらつらいですよね。残念なことに近年熱中症で亡くなる子もいます。自分の身体のちょっとした変化に気がつけるようになること、そしてそれを周りに伝えられることは大事な能力だと思います。

私が実際にどんなことをしているかというと、**本人が自分の身体と向き合えるような言葉がけ**をしています。たとえば、「お水飲む？」ではなく、「のど渇いてない？　飲まなくてもいいんだけど、のど渇いてるな～とか、飲んでおこうかなって思ったら飲んでいいからね」というふうに、自分で具合を確かめて判断できるような声かけです。「お茶、そろそろ飲んで」など、大人が一方的に管理するのではなく、どういう基準で判断するかなどを子どもと話しながら自分で判断できるようにうながしています。

また、体調を崩したりケガをしたときには「何がつらい？　今寒いの？　熱いの？」「どこが一番痛い？　どれぐらい痛いかな？」と本人の感じ方を確認しています。いつも聞いているので2歳の次男でもカタコトで「お腹のここ痛いー」などと教えてくれます。なので、最後は「そっか、教えてくれてありがとね！　じゃあ、こうしようか」と対処しています。

自然な排泄のタイミングをサポート！トイトレをぐっと楽に

ひと昔前までは、2歳でトイレトレーニングするのが当たり前でした。今は、紙おむつが主流になり、性能がよすぎて、自然と学べるはずの排泄の感覚が学びにくくなってしまっています。「排泄の自立がそんなに大事なの？」「ゆっくりでもいいでしょ」と思われる方もいらっしゃるかもしれませんね。確かに、子どもの発育がゆっくりな分には、見守っていいことですし、早ければいいというものではありません。ですが、子どもの発達には、個人差はあるものの適切な時期があるのです。

だいたい1歳くらいで歩けるようになるように、「おしっこ出た」という感覚を持ち、「トイレに行けばいいんだ」とわかって行動できるようになる時期があります。自然な発達では1歳半〜2歳半くらいがトイレに自分で座って排泄ができるようになる時期といわれます。この自然な発達を逃してしまうと、訓練しないといけなかったり、羞恥心が出てくる時期になるとお漏らしで傷ついてしまったりする子もいます。また、大人が排泄を汚い・くさいことと して反応していると、子どもが「自分は汚いんだ」と思ってしまい、うんちを我慢して便秘になってしまうこともあります。

排泄は、本来すっきりして気持ちがいいことです。**前向きな言葉と自然に学べる環境で、自然な排泄の自立をうながして**あげましょう。自分で動いたり歩けたりするようになってきたら、全身の筋肉のコントロールは始まっていて、おしっこを出したり我慢したりする括約筋とよばれる筋肉も同じようにコントロールは可能になってきています。ですからパンツで過ごしておしっこが出たこと、出そうなことに自分で気がつければ、自然と排泄のコントロールもできるようになり、自然とみずからおまるへと向かえるようになるのです。

子どもの心編

うれしいこと、悲しいこと、
たくさんの経験を経て心を育てる子どもたち。
ここでは「子どもの心」と親の関わり方について
寄せられたご質問にお答えします。

Question 1

できなかったり間違いを指摘したりすると
すぐ泣いてしまいます。
すぐにあきらめない子にするには？

Answer

泣くことも次につながる原動力に

泣いて甘えたいなら受け止め、泣きながらもまだやりたい子は見守りましょう。間違いは指摘せずに見本を見せ続けることで、またやってみようという心を育みます。

Question 2

赤ちゃん返りをしている
上の子に対して、
どのように対応したら
よいですか？

Answer

全力で受け止める

大きな赤ちゃんだと思って、求めることは受け止めてあげましょう。できなくなったことがあっても代わりにやってあげることで、早くもとの心に戻れます。スキンシップも重要です。

Question 3

子どもの要望に
できるだけこたえようとすると
奴隷になった気分に
なります……。

Answer

大人が子どもの奴隷に
なってはいけません

子どもが決めていいのは子どものことだけ。大人が子どもの言いなりに絶対になってはいけません。“他人を支配したいと”いう思いの大人になってしまいます。

Chapter

5

自立とは自分の思いを伝えられること

子どもが自分で育つ力を信じて、心を育てるモンテッソーリ教育をすることで子どもは自立していきます。

自立とは自分の心身を理解し、コントロールし、他者に伝えられるようになること。

ここではそのための方法をお伝えします。

自分の思いを自分で伝えることがお友達作りの第一歩

私が日々子育てで大切にしていることの1つに「言語」があります。言語とは、その人特有の言い回し、話し声、抑揚、手振り、表情、話す内容など、人の個性が出るものを指します。その人の性格や存在そのものと言っても過言ではありません。私が特に大切にしている、そして子どもたちに大事にしてほしいと思うことは、自分の気持ちや自分の考えを言葉にするという自己表現としての言語です。

実は、**赤ちゃんは生まれたときから自己表現をしています**。泣いて周りの人に「だっこして」「お腹空いた」「おむつ替えて」と自分のしてほしいことを訴えているのもその1つ。ですから、赤ちゃんが泣いたら反応してあげて、おむつを替えたり抱っこしたりしてこたえてあげると「自分が泣いたらいいことをしてくれる」「自分はすごい」と自分を信頼していくようになります。反対に、赤ちゃんが泣く前におっぱいをあげて、時間でばかり管理をしてしまうと「あなたは自分で言わなくていいの。大人が管理するから」と、子どもの自己表現の芽を摘んでしまうことになるのです。「泣く」ことを「お話をしてくれている」「伝えようと頑張ってくれてる」と捉えてあげられるといいですね。

さて、言葉がわかるようになると、子どもはどんどん自分を表現し始めます。指差しをして知らせたり、簡単な単語を言ったり、大きくなったらお話ができますね。ここで気をつけないといけないことは、子どものちょっとした態度や少ない単語だけで察してしまうことです。たとえば、「にゅうにゅう（牛乳）」と言ったら、すぐに牛乳を注いであげるのではなく、「牛乳飲みたいの？」と「牛乳ちょうだいって言うんだよ」と**代弁してあげることが大切**です。なんでも察してしまってばかりいると、子どもが大きくなったときに「どうして察してくれないの？」という考えになってしまいます。それでは、誰かと信頼関係を築いていくことができないですよね。自分がなにをしてほしいのか、自分の気持ちを言葉にすることは、自分が幸せになるためにも、友達関係を築く上でとても大切なんです。

ここで質問です。みなさんはお子さんが「○○くんと電車の絵を描いたよ」と話しかけてきたらなんと返しますか？「そっか」「たのしかったね」で終わらせていませんか？　言葉は、話したいという想いが形になったものです。そして話したいという思いは聞いてくれる人がいるから生まれます。「どんな電車を描いたの？」「○○くんも電車好きなの？」など、「あなたのお話をもっと聞かせて！」「あなたの考えていることをもっと知りたい」という心持ちで、ぜひお子さんと話してください。**子どもの話に興味を持つことで「自分の言葉には価値がある」と言葉に自信が持てるように**なります。それは、将来その子の発言力に変わっていくんです。単に耳をかたむけるだけではダメなのですね。

このように0～6歳の間に、話し言葉が上達していきます。そしてその話し言葉が土台になって、書き言葉を習得するようになっていきます。話したいという想いがあるから話すようになるのと同じで、書きたいものがなければなかなか子どもは文字を書き始めません。「自分の名前を書きたい」とか「でんしゃって書きたい」など自分にとって大切なものや、身近なものだからこそ、文字が書きたくなるのです。ただの練習として文字を書かせるのではなく、自己表現として子どもが好きなものや身近なもの、大切なものを書いたり、誰かにお手紙を書いたり、忘れないためにメモをしたり、もともと持っている文字の役割を子どもに伝えていってあげましょう。

先日、5歳の長男の机に描きかけの絵と「かいてからやってください」というメモが貼ってありました。「これなに？」と私がきくと「明日、お絵描きからやるのを忘れないために書いた」と言うのです。そんなことは、私も夫も教えたことがありません。自分が忘れないために、未来の自分に手紙を書いていたんです。

子どもの自己表現として、ぜひあなたも言語を大切にしてみてください。ユーモアに触れられて、きっと子育てが楽しくなります。

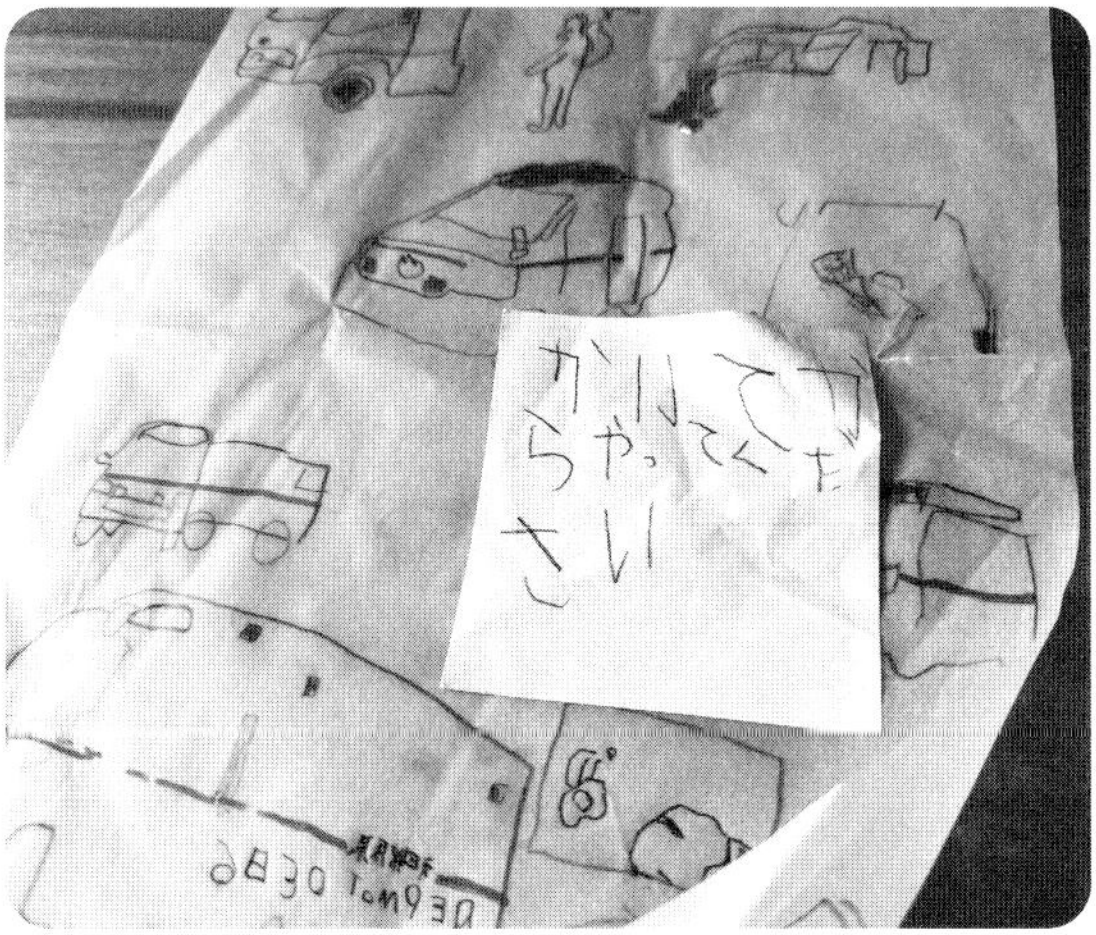

小さな置き手紙から、子どもの大きな成長を感じました。こうやって子どもの世界がどんどん広がっていくんですね。

子どもの「イヤイヤ」は大切にしたい自我の芽生え

1歳半〜2歳くらいになると、なんでも「イヤ」とか「ヤダ」と言う、いわゆる「イヤイヤ期」が始まります。イヤイヤ期とは、自我が芽生える時期です。「自分には意思があるんだ！」「お母さんやお父さんの言いなりではないんだ」と自己表現を爆発させるわけです。そう思うと、大切にしてあげたいと思いますよね。いいことであっても、やってはいけないことであっても、困ってしまうことであっても、その気持ちの大元は自己表現。決して悪いことではないので、**まずは受け入れてあげることが大切**なのです。自我の芽生えである「イヤイヤ」にどう対処するか、次ページからお伝えします。

①気持ちを受け入れる

たとえば、あなたの友達が「この前、恋人とケンカしてコップを投げようかと思ったよ」と言っていたら「わかるよ」とか「すごく怒ってたんだね」と、まずはその気持ちを受け入れますよね。子どもに対しても同じです。「そうだよね」とか「○○がしたかったんだね」とか、その気持ちをしっかりと受け入れてあげることで、「自分の気持ちをわかってくれるんだ」「ならそんなにイヤイヤしなくても大丈夫だ」とまず泣きやんでくれます。

②代弁する

子どもが冷静になったら、会話をしていきましょう。まずは、自己表現方法としてイヤイヤを言葉にできるようにしてあげます。「お風呂入りたくないって言えばいいんだよ」とか「一緒に洋服着たいのね」など言い方を伝え、代弁してあげます。

③意思を尊重する

次に、とにかく質問をして少しでも子どもの意思を尊重してあげられるようにします。たとえば、「お母さんなにしたらいい？」とか「洋服は自分で出す？」「どこ持てばいい？」など、やっていいことなら従ってあげましょう。でも、もしやってはいけないことだったらルールを伝えます。

④ルールを伝える

やってはいけないことの場合、ルールを伝えることも大事です。「机の上にのぼりたかったの？」「でも机の上は危ないからのぼらないんだよ」とはっきりとルールを伝えます。その上で、「公園のジャングルジムにのぼりに行く？」など、できることを選ばせてあげましょう。

⑤選択肢を与える

ルールを伝えたあとは、選択肢を与えてあげましょう。先ほどの机にのぼってはいけないルールを伝えた上で、でも、子どもが身体を動かして台の上に乗ったりしたいことがうかがえるようなら、「そういえば公園にのぼる遊びがあるけど、行く？　それとも、まずご飯食べる？」とか「まだご飯食べる？もうおしまいにする？」など……。自分で選択をすることで、子どもは意思を尊重されたことを感じ、「イヤ」というひと言ではなく、徐々に気持ちを伝えられるようになっていきます。

自我が芽生えるとは、心が誕生するようなものなので、とてもすてきなことです。だからこそ、まずはしっかり受け入れてあげましょう。

自分の気持ちを言葉にできないときは親が代弁する

自我が芽生えてくると、「自分のやりたいこと」「お友達に伝えたいこと」など子どもの中で「言葉にしたい」思いが出てきます。でも、まだ正確に言葉にしたり、お友達の気持ちをふまえて言葉にすることは難しい年齢です。だからこそ、**お母さん、お父さんが子どもの代わりに言葉にしてあげることが、上手に自己表現ができるようになる方法**なのです。

頼って甘える自己表現

子どもが甘えてばかりでなかなか自分で洋服を着られるようにならないとか、自分で着られるようになったのに甘えてくるとか、そんな光景がみなさんのおうちでもあるのではないでしょうか。「パジャマに着替えるよ～」と言っても「お母さん～」とか「できない～」という言葉が返ってくるのが日常の会話だと思います。

そんなとき我が家では、子どもにどうしてほしいのかを言うようにうながしています。たとえば、2歳の次男がうまく洋服を着れなくて「できない～」と言っているときには「お手伝いする？」「何してほしい？　ここ持てばい い？」と確認して「じゃあ、ここ引っ張ってって言えばいいんだよ」と伝えたり、ご飯の時に「お母さん～」とグズっていたら「お母さんと食べたいの？そしたらお母さん一緒に食べようって言えばいいんだよ」などお願いの言葉を代わりに言葉にしてあげています。

自立をうながす関わりや環境作りをしているとつい、「子どもが自分でしないと」「やらせないと」と思ってしまい、「できない＝よくない」と思ってしまいがちです。ですが、できないことはあっていいのです。なんでもできる万能な人なんていません。だからこそ、これをやってほしいと言語化できることとそれを伝えようとすることがとても大切なのです。

トラブルから生まれる自己表現

お友達関係のトラブルやきょうだい間のトラブルは絶えないものです。親としては、「どうしたらいいのかしら」と悩みの種なのではないでしょうか。ですが、子どもは今まさに社会性を育んでいる最中ですから、トラブルがあって当たり前。むしろ、**トラブルがあるということは、学んでいるという証拠**です。ヤキモキしてしまうかもしれませんが、見守ってあげましょう。とはいえ、少しでもお手伝いができるならしてあげたいと思うのが親心ですよね。

そもそも、子どもが相手の気持ちを理解するにはどうしたらよいのでしょうか。まずは自分という存在と、自分の気持ちに気がついたら、相手にも気持ちがあることに気がついて、最後に相手の気持ちを考えて行動できるようになります。ただ、冷静なときには相手の気持ちを考えて行動できるものの、怒っているときにはまだうまく考えられないことがほとんどです。怒っていても意識して冷静に考えるというのはとても高度で、大人でも難しいことなのです。

だからこそまだ小さな子どもには、**まず自分の気持ちを言葉にするお手伝い**

をしてあげましょう。友達やきょうだい間でおもちゃの貸し借りなどでトラブルになっていると、つい仲介をして「もういっぱいやったから貸してあげたら？」とか「10回でおしまいにしよう」など大人の意見を押し付けてしまいがちですよね。ですが、子ども同士のことですから、本来であれば子ども同士の考えで解決できるように手伝うべきです。

たとえば「貸してって言ってるよ」「今、使ってるの？　なら、今使ってるからねって言ったら？」とか「あと2回で貸してって言ってるよ、どうする？」「やだって」「何回ならいいか言ってあげたら？」など、**あくまでも子ども同士の話し合いをお手伝いするだけ**です。漠然とした「このおもちゃで遊びたい」という思いの中から「どのくらいやりたいのか」「どうしたら貸してあげてもいいか」自分の気持ちに意識を向けさせてあげましょう。

ちなみに、私は優しいお母さんではありません。一緒に遊んでいるときに「貸して」と子どものものを借りたり、子どもが使いたがっても「今使ってるから、終わったらね～」と言ったりしています。まるで子どものようですよね。でも、親が自分の気持ちを具体的に言葉にして伝えることで、子どもが自分以外の人にも「心」があるんだと気がつけるようにしています。

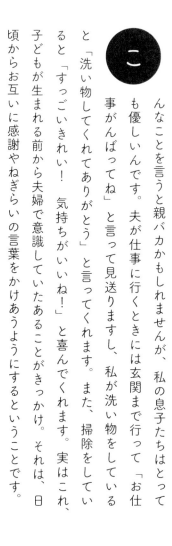

思いやりの言葉は大人の毎日から吸収する

こんなことを言うと親バカかもしれませんが、私の息子たちはとっても優しいんです。夫が仕事に行くときには玄関まで行って「お仕事がんばってね」と言って見送りますし、私が洗い物をしていると「洗い物してくれてありがとう」と言ってくれます。また、掃除をしていると「すっごいきれい！　気持ちがいいね！」と喜んでくれます。実はこれ、子どもが生まれる前から夫婦で意識していたあることがきっかけ。それは、日頃からお互いに感謝やねぎらいの言葉をかけあうようにするということです。

0～3歳はなんでも吸収して心の一部にする時期です。「こうしなさい」と教えても身につかないのに、身近な親が当たり前のようにやっていることはあっという間に身につけてしまうんです。だからこそ、人として、どんな間柄でも大切な、感謝やねぎらいのあたたかい言葉を夫婦間でも忘れないように意識しています。**子どもが小さいうちは積極的に大人同士が感謝を言葉に出すこと**で、子どもも自然と思いやりの言葉を発するようになっていきます。

3歳以降は徐々に自分の意識が向いたことを吸収する時期になります。ですから「見てみて、ここは優先席って言うんだけど、このマークは誰のことかな？」と意識を向けさせてあげて「おばあちゃんとか、足が悪い人とか、妊婦さんとか、そういう人を見つけたらこちらにどうぞって言ってあげるんだよ」とどういうものかを紹介してあげます。徐々に外の社会にも目を向けられるようにうながして、いろいろな思いやりの上に社会が成り立っていることを分かりやすく伝えていけるとよいですよね。

どうやって人を思いやればいいのか、なんて声をかけるのか、どんな行動をすればいいのか、紹介してあげれば子どもは自然とできるようになります。

子どもの本音を知るために深く聞くこと！育てたい「言語力」

み

なさんは、子どもと深いところまで会話をしていますか？「イヤ！」とかんしゃくを起こしたら、お菓子で釣ったり、動画を見せてごまかしたりしているかもしれませんね。もし「イヤ」に真意があるなら知りたいと思いませんか？

先日5歳の長男がピアノの習い事に「行きたくない」と言い出しました。体調が悪いわけではありません。私は「行きたくないなら自分で先生にそう言わないといけないよ？」と伝えると「自分で言う」と言うので、一緒にピアノの先生の自宅まで行って息子が自分で伝えました。しかし、次の週も「行きたくない」と言うのです。私は、「行きたくないんじゃなくて、辞めたいの？

辞めたいならそれでもいいんだよ」というと、しばらく考えて「ピアノは辞めたくないけど、この前も同じところをやったからイヤなんだよね」と言ったのです。

　そこで私は「ピアノは続けたいけど、ページが進まないのがイヤなのかな？　そしたら、電子ピアノを買って毎日練習してから先生のところに行く？　それとも毎日ピアノの練習はイヤならピアノは辞める？」と聞いてみました。すると「電子ピアノを買って毎日練習したい！」と言ったんです。私は急いで中古の電子ピアノを買いました。すると、息子は自主的に別室にあるピアノで練習するようになりました。「行きたくない」と言ったとき、そのまま鵜呑みにして子ども抜きで夫と相談して辞めさせていたら、子どもの可能性をつぶしてしまっていたかもしれません。

　子どもの「イヤ」「これがいい」には子どもなりの理由があります。子どもがどう思っているのかは見てわからないからこそ、私たち大人が聞いて確かめることが必要なのです。1歳でも2歳の子でも、ぜひ「なにがイヤなの？」「これだったらいい？」と深く聞いてみてください。**「あなたの話を聞きたい」**と**いう姿勢こそが、子どもの言語力と自己表現力を育ててくれる**んです。

「あとでね」ではなく「○○が終わったらね」見通せる未来を伝える

日

日の家事が忙しいとつい「あとでね」と子どもの要求を後回しにしてしまうこと、みなさんもありませんか？　ですが、その「あとでね」は、もしかしたら子どもの信頼を失う言葉かもしれません。なぜなら、何分後なのかが、まったく明確ではない、あいまいな言葉だからです。

子どものためには、わかりやすい言葉に変換してあげましょう。たとえば、「あとでね」ではなく「洗い物が終わったらね」とか「タイマーがなったらね」と明確にしてあげて、必ず子どものところへ「お待たせ」と自分から行ってあげましょう。

ちなみに「洗い物が終わったらと言ったけれど、なんだか子どもは集中して遊んでいるみたいだし、他の家事を先にやろう」は絶対にNGです!! 人と人との**信頼関係の構築のための最初の見本は家族**。約束は大切にしてあげましょう。

とはいえ、本当に忙しいときもありますよね。私はそんなときは正直に子どもに伝えています。「今日はお父さんがいなくて、洗濯も食器洗いもぜんぶお母さんがやらないといけないから、無理なのよ」とか「お手伝いしてくれたら早く終わってできるかもしれないけど、お手伝いする？ それともお手伝いはしないで遊んでいたい？」など。

「あとで」と子どもの要求を後回しにしないで、あなたのスケジュールに組み込んであげましょう。あなたのちょっとした心がけで、子どもは信頼される人間に成長していけるのです。

「拒否の言葉」は決して意地悪ではなく自分を守ってくれるもの

お

友達同士や、きょうだいの関わりで「イヤ!」「やめて!」「あっちにいって!」など、トラブルになることってありますよね。そんなとき、みなさんはどうしていますか? なんとかなだめなければ、と思って「もういっぱいやったんだしいいでしょ」などと、子どもの拒否の言葉を否定してしまいがちです。ですが、私は拒否の言葉を大切にしていて、むしろ拒否の言葉を言えるようにうながしています。

たとえば、我が家でもきょうだいでおもちゃの取り合いになることがしょっちゅうあります。次男が長男のものを取ってしまったとき、長男は「やめて、取らないで」と拒否の言葉を口に出して言うことができます。そんなとき、私は次男に「取らないでって言ってるから、取ったらダメだよ」と伝えます。

反対に、長男が次男のものを取ってしまったら、次男はまだ拒否の言葉を言えないので泣いてしまいます。その場合、私は「取らないでって言うんだよ。一緒に言ってみよう、取らないでー」と拒否の言葉が言えるように関わっています。

拒否の言葉は、私たち親は「意地悪な言葉＝よくない言葉」と思いがちです。でも、実はそうではありません。自分がイヤなことをされた時、しっかりと「イヤだ」と伝えられないと、中学・高校と大きくなった時、いじめに対して「やめて」が言えなくなってしまうかもしれませんし、イヤなことがあったときに助けを求められなくなってしまうかもしれません。**イヤをはっきりと言葉にして表現できることは、自分を守るために必要な能力**なのです。

そうすると「優しさが芽生えないんじゃない？」と思ってしまうかもしれませんが、そんなことはありません。子どもは勝手に取られたことがイヤなだけで「貸して」と言えば意外と貸してくれたり、「一緒にあそぼう」のひと言で下の子が満足することもあります。それでも貸してくれないときは、本当に使っているときだと思うので、子どもの気持ちを尊重してあげたいですね。

子どもが今、好きなことを知る自己表現遊び

自己表現遊びは、子どもの今の興味や関心を知ることができるので必ず用意しています。「モンテッソーリ教育で自己表現遊び？」と驚く方もいるかもしれないですね。確かにモンテッソーリでは繰り返しできる遊びやルールがある遊びが多く、自己表現とはかけ離れている印象があるでしょう。ですが、モンテッソーリ教育では自己表現活動を大切にしていますし、**繰り返しやルールのある遊びや活動もすべて自己表現のための土台**として用意してあります。

指先を育てることを大切にしているのは、将来文字を書いて自分の想いを表現するためです。自分の思いに沿って自由に動く身体を得ることも、自分を表現するために必要だからです。なので、アートとしての自由画はもちろん、ク

ラフトとしてのハサミやのり貼りもおすすめです。よく線の上を切る遊びがモンテッソーリ教育だと思われていますが、これらはあくまでもハサミを使う練習の活動です。最終的には自分の思い通りにハサミを使い、自分で引いた線に沿って切ることができるようになるため。手段を身につけて、自己表現するということです。ぜひ、子どもの自己表現遊びを用意してあげましょう。

将来の学習にもつながる「自由画」

自由画とはお絵描きのこと。自分の思い通りに鉛筆やクレヨンを走らせ、絵を描くことで、文字を書くための**指先のコントロール**を学びます。好きな絵を描くことが、徐々に好きな言葉を書きたい意欲に変わっていきます。電車の絵を描いていた子は、電車の名前を書くようになります。

また、線のコントロールという意味では、トレーシングペーパーもおすすめです。大好きな絵本や図鑑に重ねてなぞっていくうちに「こうやって描くんだ」と発見して、絵を描くことも文字を書くことも上達していきます。

完成したブロックはあえて崩す

ブロックは構築力やピースの特性の理解、立体認識など、いろいろな能力を育んでくれます。我が家では子どもの作品を飾る場所があり、出窓にのる分だけしか保存せず、日曜日の夜になったらすべて崩すというルールです。なぜなら**ブロックは作るときこそ頭を使い、自己表現の訓練になる**からです。また、崩すことで、「今度はこうしてみよう」と創意工夫が生まれます。ただ、どうしても壊したくないというときもあります。そんなときは、もう一度作れるように写真を撮らせてあげています。記録に残すことで本人も満足したり、見ながらもう一度作ることに挑戦したりして、頭も手先も使えるからです。

ピースの数は、少量から。扱える量を徐々に増やしていきます。四角いピース以外に動物の形のピースや木の形のピースなどがありますが、木は木としてしか使えないので子どもの想像力の邪魔をするため。私はあえて省いています。

工夫する力を育む造形

我が家では自由に工作するための道具や材料をたくさん用意しています。新聞紙、粘土、トイレットペーパーの芯、割り箸、ゴム、ボンド、粘着テープ、ダンボール、色画用紙、木片などなど。造形をすることで、子どもの無限の想像力、工夫をする力や柔軟な思考を養い、そこから生まれたアイデアはその子の独創性になります。

「こうしたいんだけどどうまくいかないの」とたずねられたときは「こうするのはどう?」「こんなやり方もあるかもよ」と刺激を与えるだけで見守ります。決して「貸して」とか「こうすればいいじゃん」と大人の作品にしないようにしています。大人が介入しすぎると完成度の高いものができて、子どもは「作って」と自分でやらなくなってしまいます。あくまでも、**子ども主体を大切に**しましょう。

ですから、本の通りに作るとか、材料が用意されていてそれをレシピ通りに作るという造形もメインではありません。造形に慣れてきたら、たまにそういうものをやることで自分にはない工夫を学べる機会になりますが、はじめから用意されたものの中でばかり作っていると、「次は何を作ったらいい?」「道具がないからできない」と工夫が生まれにくくなってしまいます。その子のクリエイティブな力を大切にしていきたいですね。

子どもの「できる」をもっと伸ばす〝褒めすぎない言葉〟

子どもが作品を作って、自己表現をしたとき「お母さんみてみて」「お父さんこんなのできたよ」とうれしそうに見せてくれますよね。そんなとき、みなさんはどんな風に反応をしていますか。

もちろん、自然に心から出た反応でいいのですが、私は見たままを言葉にすることを意識しています。

「赤いね！」と一番使っている色を言ってみたり、「ここは緑なんだね」と色を変えているところを言ったり、特に色がない場合は「大きいね！」と大きさを伝えてみたり、「丸いね」と形を言ったり、特に言うことが見当たらないときは「ハサミで切ったんだね」とか「ちぎったんだね」とか「丸めたのね」

など、子どもがやったであろうことを言葉にして伝えています。

文字にすると雰囲気が伝わらないので「褒めないで冷たいな」と感じるかもしれませんね。でも実際は「すごい!!」というテンションで「赤いね!!」などと言います。なので、これらの声かけでも全然冷たい感じはしません。

この声かけは、**事実を言う声かけ**です。

なんでこんな声かけをするのかというと、子どもの今後の自己表現を後押ししたいからです。「赤いね」と言われると「今度は違う色にしようかな」と思ったり、「大きいね」と言われると「もっと大きくしよう」とか、「今度は小さくしよう」なんて思ったりして次につながるんです。でも「すごいのできたね！かっこいい!!」と褒めすぎてしまうと、もしかしたら子どもはそこで満足してしまうかもしれません。そう、「かっこいいって言われたしこれで完成でいっか」と思ってしまう可能性があるんです。でも本当に心から出た言葉なら、褒めすぎくらいでもいいでしょう。ただ、「次はどうするの？」とか「また見せてね」と声をかけて、次のステップへうながす言葉もかけてあげたいですね。

おわりに

本書では、モンテッソーリ教師として10年以上現場で働いていた私が、3児の母になってどんな風に家の環境を整え、どんな生活をしているのか、具体的にご紹介させていただきました。いかがでしたか？

自立できる環境を作り、ルーティンやルールを大切にすることで、子どもが自分でできることが増えていきます。できることが増えると、親も子どももうれしいですね。ですが、しばらくすると「お母さん／お父さんやって」「できない！」と子どもが言い始めるかもしれません。せっかく自分でできたのに子どもが自分でやらなくなったら、つい私たち大人は「自分でやりなさい」と言いたくなってしまいます。

ここで、一番大切にしていただきたいのは、「お子さんの甘えにしっかり応える」ということです。

子どもの自立とは、心が満たされていなければ成しとげられません。焦って「自分でやりなさい」と自立をうながすよりも、しっかり甘えを受け止め求めてきたことに応えてあげることで、子どもはまた自分で立ち上がることができ、自立の近道になるんです。

家庭は、決して頑張る場所ではありません。休息する場所、ほっとする場所、甘えられる場所なんです。大人でも「今日は楽をしたい」という自分への甘えがあったりしますよね。子どもも同じです。大変なとき、頑張れないときがもちろんあります。そんなときは、家族みんなで支え合うことが、人と人との温かな信頼関係を築く土台になっていきます。

私の大好きな先生の言葉に「家族とはつらいときに一緒に乗り越える存在」というのがあります。私がつわりで上の子を公園へ連れていけなかった時期、つい「子どもがかわいそう」と思ってしまいましたが、そうではないんです。子どもも家族の気持ちを受け入れたり、心配したりする素晴らしい機会なんです。

子どもだって家族の一員であり仲間です。あなたにとって、あたたかい子育てになりますように。そして、子どもたちが、しっかりと自分の意志をもって未来を切り開いていけますように。その中で、わたしの本がちょっとでもヒントになればうれしいです。いつも、あなたの子育てを応援しています！

2023年12月

北川真理子（モンテッソーリアンまりこ）

北川真理子《きたがわまりこ》

合同会社コソダチ代表、国際モンテッソーリ協会0-3歳／3-6歳ディプロマ、国際モンテッソーリ協会認知症ケアワーカー、幼稚園教諭、保育士。モンテッソーリの幼稚園や保育園などで10年以上にわたって勤務した後、第一子妊娠中にInstagramで「モンテッソーリアンまりこ」としてモンテッソーリ教育に関する情報発信をスタート。現在はモンテッソーリ教育を学べるオンラインサロン「子育ての学校」の運営も行う。著書に『いちばんていねいな はじめてのおうちモンテッソーリ』(KADOKAWA)などがある。3児の母。

Instagram：@montessorian.mariko

X(Twitter)：@montessorian_m

子《こ》どもが自分《じぶん》でぐんぐん伸《の》びる まいにちのおうちモンテッソーリ

2024年1月30日　初版発行

著者　北川《きたがわ》　真理子《まりこ》

発行者　山下　直久

発行　株式会社KADOKAWA
〒102-8177　東京都千代田区富士見2-13-3
電話0570-002-301(ナビダイヤル)

印刷所　図書印刷株式会社

製本所　図書印刷株式会社

お問い合わせ　https://www.kadokawa.co.jp/(「お問い合わせ」へお進みください)
※内容によっては、お答えできない場合があります。
※サポートは日本国内のみとさせていただきます。
※Japanese text only

定価はカバーに表示してあります。

ISBN 978-4-04-606635-0　C0037